suncolor

suncolor

噬罪人 II 試煉

DIE SEELE DES BÖSEN

呂秋遠 著

suncolor 三采文化

作者序

在出版第二本書之前，其實內心在思考的問題是，與第一本書相較，除了故事類型不同外，我希望能在書裡表達的內涵是什麼？

這個問題，與這本書的副標題有關：試煉。

律師，與醫師一樣，接觸的客戶都是充滿負面情緒的，我們也不斷的在學習，如何能將接收到的負面情緒轉換為正面能量。畢竟訴訟對於一個正常的人生而言，是屬於人生的低潮期，我們有幸可以在他們的低潮期時陪伴他們，對我們而言，就是一段段人生的試煉。

而對於這些朋友而言，一場場的偵查庭、審理庭、傳喚證人、答辯、補充理由等等，更是連續不斷的考驗與試煉，只是他們被上帝試煉的部分是赤裸的人性而已，他們必須要學著

面對被告、證人的謊言、有時候要誇大自己的傷痛、必要時要出庭指控曾經愛他卻又傷害他的人，一場場的訴訟，就是一場場的試煉。

對我而言，寫短篇小說其實是療癒自己的一種方式。我從來沒想過會成為作家，以後也不認為自己會是專職的作家。我只希望這些故事，能讓讀者體驗到人性中一直存在的試煉，學著更體諒別人、照顧自己，走入訴訟絕對是逼不得已的過程，而不會是目的。倘若這樣的想法能讓讀者有所啟發，則埋案寫作的動力又能再度滿載。

這本書的三十二篇短篇故事，描述的內容雖然都不相同，但是大概都與婚姻、感情、利益有關，而這三大部分，恰好是人性中最強大的試煉。當自己的婚姻已經失去原本的意義，而又有新歡出現時，那麼舊愛應該如何選擇？當感情要自己做出背叛的行為時，能不能夠抵抗誘惑？當利益出現在眼前，我們能不能傷害別人來成全自己？這些都是人性中的考驗與試煉。我自己沒有答案，讀者也不用嘗試找答案，因為答案早在行為時，就已經翩然落下。

希望讀者在這本短篇小說集裡，可以找到自己人性的歸屬，也可以理解天使與惡魔的試煉，都是不容易通過的。如果能夠因為如此，而讓自己更自在，則一切的經驗分享，也就值得了。

目錄

Chapter 1 誰來愛？

Chapter 2 誰有罪？

Chapter 3
誰無欲？

I
誰來愛？

真正的尊嚴，從不存在於婚姻之中，
就算贏了官司，又如何？

替　身

她沒想離婚。她決定好好的折磨他。
拿自己剩餘的青春當賭注。

在認識他之前，她真的沒想過要結婚。

她在一家中型公司擔任行政後勤的工作，薪水可以、工作內容也滿意。她可以為公司加班到半夜，但也可以六點準時下班。因為單身，下班以後的生活就是去健身房、逛書店，偶爾與朋友去夜店小酌，認識新朋友。

這就是她的生活。她三十九歲，但是生活很充實，對於婚姻，她沒想過，但也不排斥，只要有緣人出現，她還是願意跟他共結連理。只是那個人，遲遲沒出現。

她沒想過，「那個人」竟然會在她任職的公司現身。

他是公司的業務副理，與總經理關係良好，大概可以歸類為國王的人馬。她在公司已經三年，但畢竟他年紀比她小幾歲，而且公司人數不少，兩人之間又沒有必要的業務往來，因此兩個人在「那天」之前，從沒有接觸過。

那天，悲慘的那天。

她在電腦前專心做著報價單，他從她的桌前經過，遞了張紙條給她：「這是我的ＭＳＮ帳號。有空聊聊？」

她隨意看看，不當一回事，紙條就這麼放在桌上。

兩天以後，她的桌上多了一束花，還有一張卡片，上面寫著，「不夠正式？這樣可以嗎？」

她覺得有點意思了。她找到他的ＭＳＮ，加入好友。

他們開始在網路上聊天，出乎意料的，他們進展很快。先是簡單的晚餐，接著是噓寒問暖，最後就是直接問她，要不要以結婚為前提來交往。

她嚇到了，因為她沒想過這麼快破壞自己「腐女」的生活，她一點都不介意自己是所謂的「敗犬」，畢竟她的生活原本就很愜意，不需要男人或「腦公」來點綴她的人生。

不過，在他殷勤的追求下，及眾多姊妹的鼓勵，她還是決定試試，畢竟緣分得來不易。

他們開始交往，對於這段感情來說，她覺得一切都來得很快。但是她想，或許真的是緣分已到，對方一見鍾情。然而，她希望可以再觀察對方一年再說，對於婚姻，她期待，但不熱切。

不過，事情並不是她想的這樣，男方似乎希望這段感情立刻「塵埃落定」。三個月後，他向她求婚，但是這個公開的求婚，讓她莫名尷尬。

他趁著公司聚餐，精心安排了一場求婚儀式。但是當他對她下跪，大喊：「請妳嫁給我吧」，她只覺得荒謬與滑稽，就像是卓別林的喜鬧劇。

男主角尷尬的單腳跪地，等候女王的應允。但是她只能小聲的說，「可是我還沒想清楚。」

一旁的女同事瞎起鬨，「嫁給他！嫁給他！」

她看著這個男人，臉上露出誠意十足的表情，想想自己年紀比他大幾歲，確實也該有結婚的打算了，如果不給他台階下，似乎他打算長跪不起。

在難堪的五分鐘靜默後，「我答應你。」她嬌羞的說。現場響起如雷的掌聲。

婚後的生活，怎麼說？有點詭異。

他們第一次蜜月在澳洲，總共十天。但是，這十天中，沒有一天他抱著她睡覺，或者是，發生過任何一次的親密關係。每天，他很早就睡覺，如果她靠過去摟住他，就會被他冷淡的推開。白天看到任何景點，只要她說，「下次我們帶孩子一起來」，他就會冷笑，令人不寒而慄的一種笑容。她想要買任何的嬰兒用品，也都會被婉拒。

從天堂墜入地獄，她開始覺得孤獨，就是一種兩個人在一起的孤單。問題是，她不知道發生什麼事情。

接下來的情況更難理解。他用母親給他的現金，買了房子。對，就是現金，完全沒有貸款，當然登記在自己名下。雖然兩人就住在這個新買的家裡，但是總是很冷，因為他每天早出晚歸，而且，竟然在新婚不到一個月，就把家裡的鑰匙交給一個外人，也就是他在當兵的同袍。他的同袍，可以自由進出他的家中。這點讓她很不能接受，而且為了這件事情，吵架好幾次。但是他卻依然故我。

「他是我在當兵時，最親的兄弟，現在他在台北暫時找不到地方住，我們有空房間借他，妳怎麼可以這麼薄情寡義？」他是這麼說的。

她抗爭了幾次，不成功以後，她索性把房門的鑰匙換掉，每天下班以後，就把自己關在房裡，不敢出來，把電視開得很大聲，以驅逐這種甩不掉的寂寞與恐懼。

然而，事情變得更棘手，問題就出在那台電視。那天晚上，她發現電視上的衛生紙盒子，似乎有鏡頭，她趕緊聯絡學電腦的朋友來瞭解狀況，發現那是針孔攝影機，而連接端竟然是她男人的電腦。

那天晚上，她輾轉難眠，而旁邊的男人卻是鼾聲如雷。她悄悄的起身，第一次想要看看，她先生的手機上面有沒有任何外遇的痕跡。不過，找遍了手機上的訊息，卻什麼也找不到，唯一發現的是一通來自他舅舅的訊息。她知道這個舅舅，是一個算命先生。

她看完以後，全身冒冷汗，跌坐在沙發，手機也掉落在地上，在深夜裡發出清脆的墜地聲響。

「你的雙妻命，只有透過兩次婚姻，才能順利破解厄運。所以如果你要跟現在的女友在一起，只有先結一次婚，第二次婚姻才會幸福。」

她傻了三分鐘，一直在想，到底應該怎麼辦。然而不知什麼時候，她先生竟然已經醒過來，冷冷的站在她背後。

「你都知道了。真無趣。早知道我就應該刪除這通簡訊。而且，我很好奇我同學怎麼忍得住沒有對妳下手？妳這麼漂亮，哈哈。」他說，然後把手機撿起來，當著她的面，緩慢的把訊息刪除。「要離婚嗎？」

她不知道應該如何反應，愣愣的發呆。那些話把她打得七葷八素，久久不能回神。

他轉過身去，「妳自己想想，我先回去老家住，這裡讓給妳了。妳什麼時候想通，我隨時回來跟妳簽離婚協議書。」

他走了，留下空空蕩蕩的房子。當然，那個「同袍」也再沒回來過。這下她清楚了，原來她只是被利用的棋子，只是用後即丟的工具。而且，他甚至願意讓他的妻子被別的男人性侵害，還想錄影存證，只為求離婚。

她又開始一個人過生活，一個人逛街、一個人吃飯、一個人練瑜伽、一個人上班。

對，上班。總經理在他離開家沒多久以後，就藉故找她到辦公室，委婉的勸她離職。其實她對於跟他在同一個工作地點上班，也覺得有點不自在，但是她還是原原本本的把所有事情都向總經理說明。總經理皮笑肉不笑的回應她，「這件事情公司會瞭解。不過這畢竟是你們的私事，我也不能插手。」他繼續冷酷的說，「我只是建議，聽妳老公的想法比較好。他的意思是說，如果妳不願意離職，那麼就要答應他離婚。」

又一次的震驚。她發現她老公早已佈下天羅地網，除了離職，她似乎無從選擇。她緩緩的轉身，突然拿起桌上的杯水，迅雷不及掩耳的往總經理身上潑。這個男人被她嚇得不知所措。

「哈哈哈！」她就這麼走出總經理室，頭也不回的。留下錯愕的總經理，不知道她在笑什麼。

她沒想離婚。她決定好好的折磨他。拿自己剩餘的青春當賭注。每天，她把以前留下來的儲蓄做規劃，保留一部分投資股市，其他的部分則是投資自己，讓本人多學一些技能，舉凡保險、金融等證照，她都花一些時間去學習。

就這樣，她的「婚姻生活」又過了一年。這一年間，她住在這男人的房子裡，一個人住，假裝像是兩個人一樣。

那天晚上，她在超市買晚餐，正在想要準備些什麼，有個男人過來向她搭訕。

「小姐，我媽喜歡吃某種青菜，可是我不知道那是什麼。您可以告訴我嗎？」他一邊說，一邊比手畫腳說明，煞是可愛。

她偏了頭想一想，帶他去生鮮蔬果區，幫他挑了他形容的青菜。

「小姐，我可以謝謝妳嗎？如果不是妳，我還真不知道怎麼交差。」男人滿頭大汗的說。「隔壁超市有咖啡店，跟我喝杯咖啡好嗎？」

她微笑拒絕，男人很有風度的沒有生氣，就目送她離去。

第二天，她竟然又在同一個地點遇到他。

「很巧，又是妳。」男人說。「今天我想下廚，不知道買什麼好，可否給我一些建議？」

她熟練的帶他逛超市的每一區，告訴他應該買些什麼好，比較容易準備。這次，男人又再度約她，「不會這麼不給面子吧？拜託妳，就這麼一次。」

她這次沒有拒絕，反正就是一杯咖啡。家裡又沒人等她。

坐定位子後，這男人說了一段話：「手如柔荑，膚如凝脂，領如蝤蠐，齒如瓠犀，螓首蛾眉，巧笑倩兮！美目盼兮。」

她笑了，這不是她念書時，初戀男友對她的形容，他怎麼會知道?!

他們很快的交往，速度讓她覺得有點驚訝，因為他知道她的習慣、喜好，就像是她的小天使一樣。她開始動搖，畢竟不需要拿幸福來賭注。她決定，今天晚上他邀約她去汽車旅館以後，她第二天就要跟她先生攤牌，她要離婚。

他們坐在咖啡店裡吃飯，男人告訴她，想去洗手間。

她點點頭，沒說話。他似乎很急，忘了把手機帶走。

這時候，訊息突然跳出螢幕：「一切順利嗎？等等進了旅館通知我」，她的手在發抖，眼淚不爭氣的又掉下來。

號碼是她先生的。

一剎那間，她突然理解為什麼他對於她的過去、喜好、興趣，都能夠如此切合，原來是她先生委託徵信社，希望可以誘使她外遇，讓她揹上通姦罪的罪名以後，順利跟她離婚。

她慌張的拿起所有的物品，就像是逃難似的，頭也不回的離開這間咖啡店。

四個月後，她接到了法院的調解通知書，案由寫著：離婚。

我靜靜的聽完這一切的故事，心中滿腔怒火，而她倒是相當平靜，心如止水。

「我不要離婚。」她肯定的說，「我要你贏。」

「基本上，妳先生是以民法一〇五二條第二項的規定，也就是夫妻之間已經有不可彌補的裂痕，任何人處在這種地位之下，都會以不願意繼續這段婚姻生活為理由，提起離婚訴訟。」我說，「可是依照這項條文的規定，必須是過失比較小的一方才能提起，可是聽起來妳並沒有過失。這件官司，我們應該會勝訴。而且我很好奇，他的理由是什麼？」

「理由？」她把民事起訴狀交給我。不外乎就是他主張婚後她拒絕與先生發生性關係、不煮飯、不作家事等等。

「我們可能要根據他的主張作答辯，妳需要向我解釋，這些他所提到的問題，究竟有沒有發生。」我說。

「說謊。」她口中緩緩吐出兩個字。「我不需要解釋，因為沒有一件是真的。」

我點點頭，「我知道了。」

開庭時，對方沒有出現，只有委任的律師到場。他的律師洋洋灑灑，把所有的過錯推到我們這裡。我側眼看著她的表情，看來情緒很緊繃，彷彿隨時都會崩潰。我輕拍她的肩膀，希望她不要緊張。

「關於對造律師提出沒有性行為一事，我們認為是男方的責任。我知道對方一定要我舉證，但畢竟我不是當事人，無從得知到底是誰不願意。我只提出一件荒謬的事情，請法院作參考。在對造的訴狀中，提到我們會把貓放在兩人的床中間，原告因此無法越雷池一步。我想說的是，男方應該沒有養過貓，因為他不知道，貓要是可以乖乖待在床中間，狗就可以學貓叫。」

法官忍不住微笑。

「但是，大律師，原告就是不肯跟被告在一起，你們為什麼不願意放下來，繼續往前走呢？」法官問。

「人生要是這麼簡單能放下，法院的鐵門肯定也可以放下。」我心中暗罵了一聲，「審判長，這很困難啦！」

「妳還愛他嗎？」審判長問。

我回頭看著她，這是致命傷。我不知道該怎麼建議她回答。

「我。」她咬著牙說，「我還愛他，我不願意跟他離婚。」

法官莫可奈何的搖頭，「不要騙我，妳現在只剩下恨。」

我站起身來，「審判長，根據民法一〇五二條第二項的規定，要訴請離婚的那一方，固然可以主張婚姻已經破綻，無法回復。但是這種破綻，在現行的法律下，原告的過錯必須小於被告。今天如果審判長認為這段婚姻應該結束，不啻是昭告天下，只要想離婚，就不用履行同居義務，直接躲得遠遠的，等幾年以後，就可以回家請求離婚。這樣的判決，恐怕會違背法律與國民情感。」

我說話的時候，鴉雀無聲。

審判長有在聽，但是她的思緒似乎不在這裡。「我知道妳有委屈。」她說，「但是，妳到底要這段名存實亡的婚姻作什麼？為了報復？可是婚姻的本質不是報復啊！」

我試圖抵抗，「審判長，我認為還是應該依法裁判。我們不應該讓她在沒有過錯之下，不明不白的被判決離婚。要結婚也是他，要離婚也是他，這不對吧！」

審判長不理會我，看著她，「不然妳要不要提反訴，換妳告他離婚，我給妳判決勝訴，還妳清白如何？」

女生低著頭掉眼淚，現場一片沉默。難堪的五分鐘過後，她抬起頭來，「我不願意離婚。」

法官點點頭，「我知道了。但是，還是請你們想清楚，婚姻，有沒有對錯？應不應該用對錯來判斷婚姻該不該繼續存在？」

我們走出法院，陽光刺眼。

「婚姻的本質是什麼？」我轉過頭問她。

你們知道嗎？

每個
愛情
都危險

婚姻承載的是感情，如果已經剩下空殼子，
到底守著婚姻做什麼？

男人與女人，對於外遇這件事的看法，其實不太相同。

有些男人，或許會有外遇，但是外遇以後會不會回頭，看看這個幾乎破碎的家？從我處理過的離婚案件中，其實男人回家的可能性不低。但是，一旦女人外遇，永遠不回頭的機會就很高。男人是抱著且戰且走的心情在外遇，但是女人往往是懷著破釜沉舟的覺悟在外遇。

所以，如果沒有決心，請不要招惹已婚女。

招惹了已婚女，個個都會是天蠍座。

他其實面無表情，看不出心中的激動。雖然我知道，對他而言，這件事已煎熬很久。

「我太太『精神』外遇，律師，我應該怎麼處理？」他鎮定的問我，看不出來他昨天才發現太太的錄音。

「『精神外遇』？」我眉頭緊鎖，「意思就是，通姦還沒發生？但是你發現了某些事情？」

「是的，我聽到我太太跟另一個男人的對話。」他說，「至於內容，我實在講不出口。」都來找律師了，還有什麼講不出口，我心裡想。「好吧，你還是要告訴我，你聽到什麼。」

「我聽到我太太跟另一個男人說，我想跟你上床做愛。」他說，語氣還是很平淡。我幾乎都要懷疑，他為什麼要來找我。

「問題是，這並不構成通姦罪。」我說。「所謂的『精神』外遇，就是喜歡上別人，或許談情說愛，即便牽手接吻，但是就是不會構成通姦罪。」

其實這也就是我贊成廢除通姦罪的原因之一。畢竟只要沒有「性器官」的接觸，說你愛我我愛你、牽手、接吻、愛撫都不構成犯罪。但是卻不斷有人前仆後繼，想要用「侵入住宅」、「妨害祕密」、「強制」等不同的違法方式，來挑戰刑責相當低的通姦罪，我實在不知道意義何在？如果通姦罪在於處罰與第三人發生愛情，難道只有「性器官接合」才會有罪，至於牽手、接吻、愛撫，難道都不構成背叛婚姻？說實在話，我不相信。

「不過」，我補充，「如果另一半真的『精神外遇』，你可以請求民事賠償。也就是因為配偶權被侵害，所以根據民法請求精神慰撫金，就是所謂的精神賠償。」

他眼睛並沒有一亮，而是意興闌珊。「喔，我不介意。」

我有點好奇了，「那你介意什麼？」

「我不要離婚！」他總算有點情緒出現了。「我要她回來！」

我搔了搔頭，「這難度很高。你要知道，女人一旦外遇，就算是高鐵列車也拉不回來！」

「她如果提離婚，我會輸掉這場官司嗎？」他的情緒只有短暫波動，立刻又回復平靜。

「我們來檢查一下民法的離婚事由。」我說。「最常見的離婚事由，排名第一就是通姦。

請問你有外遇嗎？」
「當然沒有。我很愛我太太。」他說。
「排名第二是家暴，請問你對太太有家庭暴力的行為嗎？」我繼續追問。
「我曾經試圖搶她的手機，這算家庭暴力嗎？」他緊張的問。
「為什麼？」我也有點訝異，這當然是家庭暴力！「你為什麼要搶她的手機？」
「因為她在半年多以前就開始跟他在一起。我有天回家，打開門時看到她在講電話，有說有笑。她看到我，表情立刻很僵硬，那種感覺就像是熱水結成冰。一進門我聽到她說『我很想你』，我想看看他是誰，就跟她拉扯手機，想看看那個人是誰。」
「她有報警嗎？」我問。「這可是構成強制罪。」

日常生活中，其實我們常會不自覺觸犯法律，強制罪就是一個例子。當我們擋住電梯不讓人出入、當跟女友談判破裂，在速食店拉住對方的手不准走、硬搶對方手機要看電話等等，這些都會涉嫌強制罪。所謂強制罪，就是以強暴、脅迫手段讓對方做沒有義務的事情，或是不讓對方行使該有的權利。
「她沒有，大概是因為她自己也知道她有外遇吧。」他情緒又略有波動。
我點點頭，「這其實已經是家庭暴力，不過既然她沒有報警，沒有報案記錄，將來在舉證上就會有困難。」

離婚的法定事由，在民法一〇五二條第一項中，大概有十項事由，扣除通姦與家庭暴力，大概就剩下重婚、遺棄對方、殺害對方、對方得了不治重病、對方有重大精神病、生死不明超過三年、故意犯罪被判處有期徒刑超過六個月等。依我看，他的配偶應該都沒有這些問題，所以我沒有繼續問下去。

「所以我老婆如果外遇，她想離婚，這樣聽起來我是有勝算的？」他追問。

以前剛當律師的時候，會覺得我國的民法採行有責主義，也就是有過錯的人不能提離婚，這真是天經地義。直到某件訴訟，一審我幫女方打「贏」，二審「竟然」敗訴以後，我開始懷疑我的看法，以及我對於婚姻本質的理解。一審「獲勝」，是因為對方有錯在先，法官或許被我的陳詞感動。可是二審，我「敗」得一塌糊塗。我反覆的問我自己，為什麼？

後來我才知道，離婚豈有勝負？對於雙方與孩子，十年或二十年的青春，雙方都是勝的，也都是敗的。勝的在於，不必再受這種煎熬，敗的在於，這過去的十年或二十年的青春。婚姻承載的是感情，如果已經剩下空殼子，到底守著婚姻做什麼？有趣的是，地方法院大多依循法條的見解裁判，而高等法院的見解，反而逐漸開放，婚姻，沒有對錯，感情沒了就是沒了。

我腦中閃過許多畫面，但卻只是苦笑回答他，「還有第二項，也就是破綻主義。」

「破綻主義的意思是？」他有點遲疑。

「所謂破綻主義，就是當兩人婚姻已經出現破綻，任何人處在相同的狀況都不願意處在這個婚姻之中，法院也會判決離婚。」我說。「不過你太太還是沒辦法適用，依法來說，有過錯的人，既然婚姻的破綻是由她造成的，所以不能主張婚姻破綻，也就是不能依照這一項規定，主動提出離婚的請求。」

「那麼，你的意思是，她提出離婚的成功率極低？」他問，似乎安心了。

我搖搖頭沒說話。離婚訴訟，誰可以斷定成功率、失敗率？感情在不在，又豈是一人說了算？

我看著他，「我剛剛說過，女人，如果愛上別人，要回頭的機率是零，你應該知道吧？」

「唉，我只是想挽回。」他嘆氣。「即使可能已經太晚，我還是想挽回。」

「太晚？」我問。「為什麼？」

「我之前花了太多時間在婚姻以外的事情上，我忽略了她的感受。」他越說越小聲。

「你來，我當你不會走。你走，我當你沒來過。」我不自覺的也小聲的說了隋棠寫下的這句話。

「你說什麼？律師。」他問。

「喔，沒什麼。我只是覺得，感情壞了，很難修補而已。有氣魄一點好。」我說。

他站起身來，還是向我說謝謝。「至少我釐清了法律上的爭議，我大概知道怎麼捍衛我的家庭了。」

「暫時看起來，你不放，她也走不了。不過你倒是可以想想，有沒有必要性。」我語重心長的說。

我們都沒再說話。

三個月後，在同樣忙碌的下午，他來找我，精疲力竭。

「她回來了。」他說，但是聞不出喜悅的味道。

「喔？怎麼辦到的？」他竟然有辦法把牛拉不回來的女人心找回來。

「我找了徵信社，請他們幫忙。」他平靜的說。

徵信社，是我在處理婚姻事件時，最頭痛的單位。他們對於法律經常一知半解，對於當事人，則有許多是極盡搜刮之能事。我甚至有聽過，拍到外遇照片或蒐證後，兩邊兜售。

「我不希望你找徵信社。」我說。

「找都找了。重點是有效果。」他回應。

「好，那麼效果是什麼？」我問。

「我請徵信社找了跟我類似的男人去邂逅我太太，然後跟她交往。」他還是很平靜的述說這段似乎與他無關的故事。「他們真的開始交往，而原來這個跟她交往將近一年的男人，就這麼被她甩了。」

我沒理結局，我比較有興趣「跟我類似的男人」這句話。「什麼樣的男人，可以吸引你太太？」

他苦笑道，「徵信社跟我談過以後，他們認為，我太太喜歡的男人類型就是我。所以他們找了一個年紀、長相、談吐跟我類似的男人，去跟她搭訕。」

「怎麼開始的？」我問。

他似乎很好奇我很在意過程，不過還是說了。「就是安排這個男人到我太太常去的超級市場，向她請教怎麼買菜，因為他想買菜照顧他年邁的媽媽，反正男人不就都分不清白菜、高麗菜？我太太告訴他以後，他就隔幾天再出現，又是不期而遇，然後堅持一定要請我太太喝咖啡，答謝她的幫忙，然後交換了LINE與WhatsApp。每個愛情不都是這樣開始的？」

我倒抽了一口氣，這招果然狠毒，不愧是每個愛情都危險。

「那麼，後來呢？」我想知道結局。

「總之，這男人後來甩了她，狠狠的，不留情面的。而我發現，她跟原來的外遇對象，竟然也煙消雲散。她回來了！」他的情緒又有些波動，因為我發現他握緊拳頭。

「回來?回來很好啊。」我說。「你到底有什麼問題?」我心裡想,難道是錢花太多?據我所知,這樣的開銷所費不貲。

「沒有問題!我唯一的問題就是找不出問題!」他情緒終於轉為激動。「我不愛她了!」我差點懷疑我聽錯話。「你?不愛?她?」我分段的問,彷彿他說的話不是真話。

「我不知道怎麼了。她想跟我談談的那天晚上,其實我應該要很平靜,因為我早知道她要回來這個家。我等待這一天已經快一年,但是這天來了,我似乎很措手不及。我不知道我在措手不及什麼!」

「我冷眼看著她哭、她笑,她後悔、她告白。但是那些話語,一點也沒有刺痛我的心,在那時候,我知道,我們回不去了。」

「你問我為什麼?我不知道。我沒辦法繼續假裝我愛她,所以我提出了離婚。」

「我很傻嗎?我不知道。因為隔兩天以後,她把簽好的離婚協議書放在我桌上。我們找好了證人,一起到戶政事務所簽字。我們已經離婚了。

「這是我要的結局嗎?」他問我,就在一連串的自白以後。

「這是你要的結局嗎?」我在心裡問他,但是我沒有說出口。

奉　陪

孩子從小就知道，
他們已經不再是爸媽的共同寶貝，
而是他的、與她的。

我把車開得飛快，因為已經是星期日晚上將近十點，卻還有人在事務所等我。

這個約是去日本前就已經定好的，我不認識他，他只是臉書上的朋友。在出國前，他大概告訴我，他目前面臨的困境。我們本來約下午四點，不過，一通訊息打亂了整個行程。「律師，因為我跟朋友借一千元要上來看你，他現在不方便，一點以後才有空，可能會晚點才能見到你。」臉書的訊息上出現這幾個字。

看到這幾個字，心中大概有點底。首先，他的家境大概不會太好，所以今天的約應該只是單純的諮詢，他在經濟能力的考量下，可能沒辦法委任律師；第二，他會遲到。沒關係，反正下午有兩個約，既然他會晚半小時，那麼我只要好整以暇的等待就好。

然而，五點多傳來第二個訊息，「律師，我現在還在南崁，因為路上很塞，我沒辦法搭火車，價錢比起客運貴了點。」

這時候我開始有點擔心，因為晚上得要回去陪爸媽吃飯，按照原訂計畫，應該沒問題。只是說五點多還在南崁，到事務所可能要六點半以後。談完整件案情，我看我只能在事務所吃晚餐了。

我發了訊息出去，「如果是收費諮詢，我會很樂意等你，因為等待的時間，我一樣會計算費用。但是晚上我得回家陪爸媽吃飯，媽媽的腳剛開刀，所以我得先走。可能要麻煩你等我，從基隆回來以後我們再見面。」

他倒是很爽快的告訴我，「沒問題。我可以等你」，末了還打了一句話，「不好意思，辛苦了。」

在星期日的下午等了兩小時，應該也很夠義氣了，我決定先回家。

晚餐中，有點心不在焉，結束後立刻驅車回事務所。

他的年紀看起來不大，約莫三十歲上下。我沒多說，倒了水給他以後，單刀直入問他，「我有什麼地方可以幫你的？」

他有點靦腆的說，「就是我前妻控告我性侵害女兒的事情。」

我沉住氣，問他，「這是事實嗎？」

他有點憤怒，「當然不可能。」

「好。我先相信你。等一下我會詢問你所有的實情，如果你的回答我沒辦法相信，那麼我不會繼續我們之間的談話。」我說。他點點頭。

他跟他的前妻結婚十年，育有兩名子女。這十年間，他雖然收入不高，但還是把所有的薪水都交給太太，並且在不是很好的地段，買了不是很大的房子，登記在老婆名下。兩個小孩之中，男生是九歲，女生是八歲。他，當然很愛他們。

不過，命運總是喜歡在幸福來臨時，作弄一下現實。他在去年因為工作受傷，幾個月都不能工作，收入歸零之下，太太開始很有意見。兩個人在貧賤夫妻百事哀的俗諺下，有了最好的見證，爭吵不斷後，只好協議離婚。

兩個小孩的監護權歸女方，男方只有短短隔週星期六一天的探視權，連過夜的權利都沒有。對了，房子當然也是女方取走，因為，「你，憑什麼拿房子？你根本付不起貸款！」前妻惡狠狠的說。她似乎忘了，過去十年來，貸款都是他付的。

他沒了孩子、沒了房子，結婚十年，孑然一身。

往後，他只能在隔週的星期六，掏著不多的零錢，帶著孩子們跟老母親，到速食店裡坐一整天。他看著孩子滿足的笑容，只希望自己趕快能夠復健成功，讓孩子過更好的生活。

然而，孩子過得好不好，他還不知道，他自己卻先過得不好。

因為，他變成性侵害犯，而且是最惡劣的那種，竟然對自己的八歲孩子下手。

那天下午，他一如往常，帶著老母親與兩個孩子，一起到速食店用餐。他只有這麼短的時間，以及不多的金錢。他最近的復健進度越來越好，應該可以提前回到職場。但是前妻似乎越來越不願意讓他與孩子接觸，聽說是有新歡了，大概。

他嘆了一口氣，人生啊！

晚上時間到了，他應該把孩子送回去。他再度叮嚀孩子，要聽媽媽的話，兩個孩子點點頭。他有點辛酸與無奈，因為孩子從小就知道，他們已經不再是爸媽的共同寶貝，而是他的、與她的。

那天以後，孩子突然不再願意見他，兩個孩子都一樣。幾次電話，孩子都欲言又止，於是他開始警覺到事情不對勁。就在最後一次的通話中，他趁著媽媽的電話鈴聲響，低聲問了女孩一句話，「發生什麼事情了」；孩子只來得及說，「媽媽不要我跟你見面！你要小心」，電話就被掛斷了。

三個月後，他接到警察局的傳票，孩子的母親指控他對孩子強制性交。

「啊！」我聽到這裡，覺得匪夷所思。「警察怎麼跟你說？」

「他說，當天在速食店的時候，我對女兒碰觸胸部，而且還把手伸進她的褲子裡，撫摸她的下體。」

我當下眉頭緊皺，「她的指控，幾乎不可能發生才是。當天下午四點多，速食店裡人來人往，你母親就坐在你對面，你的兒子坐在母親旁邊、女兒對面，你如何把手伸入上衣與內褲？」

「我不知道！」他的嘴唇竟然開始發白，「我什麼也沒有做！」

「你見過檢察官了嗎？」我問。

「有，我們已經開過一次庭。」他回答。

「檢察官問你什麼？」我繼續問。因為從檢察官的問話中，我大概可以推敲出他被起訴的可能性。

「他大概問了當天的情況，我已經記不得了。」他有點困惑，「但是我記得，他問過我，女兒會不會經常說謊？」

「喔？」我對於他的回答有點興趣，「你怎麼說？」我在等待他的回應，因為他的答案會決定我想不想繼續相信他。

「我對檢察官說，我相信我女兒，她不是個說謊的孩子。」他堅決的說。

他通過我的檢驗了。因為一般的性侵害犯，第一件事情就是指責別人說謊。

「接著呢？」我問。

「他又問我，願不願意接受測謊？」他說。

「你又怎麼說？」我問。這是第二關。

「我願意！」他立刻回答。「我沒有做，幹嘛怕測謊？」

他不怕，我怕。事實上，我不相信測謊。我曾經幫殺人犯辯護，在事證不甚明確的情況下，他通過測謊；也曾經幫過性侵害犯辯護，在事證明確、應該無罪的情況下，他竟然沒有通過測謊。

測謊，是一種以科學儀器測試人體生理反應的工具。原則上，測謊不能盡信的原因，在於每個人面對問題的生理反應不見得相同。有人就是可以通過測謊，儘管他滿口謊言；但有的人一旦對於不確定的問題，要回答是或不是，可能就會產生盲點。他願意測謊，對於我相信他的程度，一定有加分；但是對於他有罪的可能性，不見得有減少，甚至測謊結果如果不利，可能會直接起訴。

我苦笑，「你有信心通過測謊？」

他似乎聽了我的測謊分析之後，有些動搖。但是他還是艱難的點點頭。

「律師，要我做任何事情都可以，我要看我的孩子」，不知何時，他的眼淚開始往下掉，嘴巴也不爭氣的似乎在張大口呼吸，就像是想到自己的親人永生再也難見。

我想起了他臉書上的數字，我恍然大悟，原來每天文章中的數字變動，就是他看不到小孩的天數。

我陡的難過了起來，很想抱他一下。

「好，我來幫你打這場訴訟。想打！我們奉陪！」我不知道哪來的勇氣對他說，或許是他的眼淚。「不過，我沒有在當地律師公會登錄，所以只能幫你處理書狀跟答辯方向，不能陪你出庭。」

根據律師法的規定，律師如果要在當地執行律師業務，必須要繳交一筆為數不少的登錄費用，如果沒有繳交，就不能出庭。

我拿出一張紙，開始用筆寫下調查證據聲請狀的內容。

「我跟你說，這叫做調查證據聲請狀。這個狀紙，就是請檢察官調查對你有利的證據。依我看，當天下午的情況應該可以傳喚你母親跟兒子出庭作證。事實上，他們隔了幾個月才提告，案件本身就會有疑點。你沒有孩子的監護權，一個月只能見孩子兩天，所以孩子沒必要因為懼怕你，當天回母親家後不敢說。更荒謬的是，當天下午人來人往，你怎麼可能把手伸進女兒的衣服中，撫摸她的私處？」我一口氣說完。「我認為，她一點都不知道誣告的輕重！用這種方式來阻絕你看孩子?!太卑劣！」

「我想起來了，檢察官有對我說，有孩子下體的驗傷單。」他補充說，看起來似乎更有信心一些了。

我更確定了，「那更有問題。因為這樣就不是撫摸，已經是伸入陰道。八歲的孩子，只會覺得疼痛而已，當下你怎麼可能在孩子疼痛的狀況下，瞞過你的母親、兒子、路人，以手指插入女兒的陰道？」

我迅速的在紙上又寫了調閱診斷證明書，並且聲請傳喚開立證明的醫師。

「基本上，究竟這傷口是舊傷還是新傷，發生時間點在什麼時候，可能也是關鍵點。」我說。「所以我們一併聲請調查。」

最後我又加了一段話，把這件事情的疑點澄清。

十分鐘，一篇草稿出現。

「你回去把這張草稿，用 word 打字後，自己簽名，送到地檢署。」我把草稿紙對摺後交給他。

他又有點抑制不住情緒，開始掉眼淚。

「你要堅強。」我說，「我沒辦法幫你什麼，但是你要先把自己的生活過好。你可以開始工作了嗎？」

他點點頭，說不出話來。

「我看你的臉書，似乎對家具很有興趣。我有個客戶是連鎖家具公司的老闆，如果你需要我幫你介紹，我可以幫你問問看。」我說。

「謝謝你。我可能會做點小生意。我很會做吃的。運送家具是我以前的工作而已。」他擦乾了眼淚，總算笑了。

時間真的很晚，我請他先回去，畢竟還要趕車。「以後有問題，記得再告訴我。要堅強！」

我看著他的背影，突然想起了這句話：「擁有律法的知識，就應該在能力範圍內給予旁人溫暖與照顧。」

我努力實踐我的理想，從沒有放棄！希望他也是，為了孩子。

魯冰花

如果我死了，你們會難過嗎？
你們會想找我嗎？

這個孩子看起來很冷，怎麼說呢？就是異常的成熟與冷靜，超越他十歲該有的表現。

「你可以跟我說一下當天晚上的狀況嗎？」我耐心的再問一次。

「我忘記了。我什麼也沒看到。」他說。

「律師，他都說沒看到了，不要再逼他了。」媽媽在旁邊說。

「我不是逼他。」我苦笑，「只是他在檢察官那裡說，當時他就在客廳做功課，你們夫妻就在那裡吵架，甚至後來發生這樣的事情，他怎麼可能什麼都沒看到？更何況，忘記了，跟沒看到，是兩件事情。我覺得他有事不說。」

「還會有什麼事情？」她激動的說，「不就是我先生拿刀殺我，還好我躲開，只刺到上手臂，不然就從心臟刺下去了。檢察官都已經起訴了，我希望您趕快讓他定罪。」

這件「殺人未遂」案件，是從法律扶助基金會轉來的。案件看起來似乎很單純，也就是一位有家庭暴力習慣的先生，持刀意圖殺害太太。結果在砍殺幾刀後，太太逃出家門被鄰居看到，當時先生手中還持有菜刀，也確實沾有血跡，血跡經鑑定後，是太太的血跡無誤。罪證確鑿，唯一能爭辯的點，恐怕是殺人未遂或是傷害而已。

「你們夫妻怎麼認識的？結婚多久？」在處理這類型的事件時，我習慣從兩人的交往、結婚過程，去尋找一些蛛絲馬跡。

「我們在十一年前認識，他在約會的時候性侵我，就這樣懷孕了，我也同意跟他結婚，沒有報警。生下這個孩子以後，他只要喝醉酒，就會打我、罵我，我都已經報警好幾次，只是沒有聲請保護令而已。」她喘口氣，表情仍然驚恐。「沒想到這次他竟然想殺死我。」

我注意到孩子漠不關心的表情。

「媽媽差點被殺害，你怎麼好像都不關心？」我的語氣略帶責備。

「那是他們的事情，不要問我。」他一貫酷酷的表情。

「可以去看妳先生嗎？我希望可以知道他的想法。或許可以認罪換取輕刑，並且答應妳離婚。」我想，這是最快的方法了。

她微微震動了一下，但是迅速恢復鎮定，「也好，但是你不用跟他說太多，叫他簽字離婚就是了。」

「其實，根據民法一〇五二條第一項的規定，如果意圖殺害配偶，確實可以構成離婚的要件。不過，既然他曾經多次傷害妳，本來就可以用『不堪同居配偶虐待』的理由來起訴，妳先前怎麼都沒提出來？」我問。

「我一直想給他機會，就這樣。」她說。「我得先走了，我朋友在樓上等我。」

她兒子皺了一下眉頭，「我不想跟妳走。」

「好吧。那你等等自己去外公家。」她急忙的說。

會議室只剩下我跟他。

「小朋友，你要怎麼過去外公家？」我問。

「我會自己搭公車。」他說。

「好吧，那等等要小心點。」我說。

他從座位上站起身來，問了我一句讓我傻眼的話，「如果我死了，他們會不會比較開心？」

「你怎麼會這樣想？你如果心裡有事，隨時可以跟我說。」一個十歲的小男孩，竟然會說出想要自殺的話語。

「沒事。我再思考一下好了。」他頭也不回的離開。

「思考」這兩個字，竟然會出現在一個十歲的小男孩口中。這件事，似乎應該跟他父母談談，我是這麼想的。

他雖然沒有禁見，但因為我並不是他的辯護人，還是只能跟他隔著玻璃以電話交談，這讓我有點不習慣。

「律師，我是冤枉的。」他苦笑。

「怎麼冤枉？刀在你手上、你兒子一開始也說看見你拿著刀，想殺你太太、現場一片混亂、還有兩個鄰居作證。」我一口氣說完，「你要不要考慮認罪，然後跟我的當事人談離婚，我可以說服她同意原諒你。」

「我兒子說謊！」他有點激動，順口罵了幾句三字經，「我酒後脾氣是不好，但是我沒有殺害我老婆，刀子是她自己拿出來砍自己的。」

我有點興趣了，「你說謊也得要看對象。人證、物證都有，你不認罪，法院依法判決，最後也只能如此。」

他垂頭喪氣，「我真的沒有做。為什麼你跟我的律師都不相信我？」

我突然想起了那個孩子。「你跟孩子的關係如何？」我問。

「他很乖，但是不愛說話。」他說，「我跟他媽媽都比較少跟他聊天。他現在是小學三年級，應該也懂事了，但是他在想什麼，我很難跟他溝通。」

「是四年級。」我糾正他。「根據你太太說，你過去經常對她動粗，有這件事情嗎？」我追問。

「我承認有。」他痛苦的點點頭，「我很愛她。雖然我們是因為小孩才在一起，但是我真的很愛她。我之所以喝醉酒會打她，是因為她一直跟別的男人有外遇，她想離婚，我不同意。林娘咧，你想想，哪個男人會接受自己的老婆不斷愛別人，就是不愛自己？我有錯，但是我沒有殺人。」

「你沒有殺人？是指你沒有想殺她，還是你沒有動手？」我進一步問。

「幹！我沒有動手！那天就是她自己傷害自己，我把她的刀奪下來，就這麼出事了，你們是要我講幾遍?!」他開始破口大罵，法警終止我們的會談。

這次的會談，並沒有釐清事實，反而讓我更加困惑。

一個中下階層的打零工男人、有酗酒習慣、太太被性侵害後生下孩子、持續性家庭暴力、隨時飆粗口、承認持刀、刀上有指紋、小孩、太太與鄰居指證。標籤化、加上足夠的人證與物證，判刑應該是確定的。

這官司還有疑點嗎？不可能會有，我想。但是不知道為什麼，心中仍然忐忑。或許是因為他堅決的否認？哪個殺人犯，會在罪證確鑿的情況下，仍然否認？

回到事務所，我接到那位媽媽的電話，語氣非常急促。「律師，我們家小朋友不見了。」

「不見了要請警察幫忙，怎麼會找我？」我有點生氣，他們夫妻到底怎麼了？

「他留了一張字條在桌上，我念給你聽：『如果我死了，你們會難過嗎？你們會想找我嗎？我帶了妳所有的安眠藥出門，妳跟爸爸的事情，你們自己解決，我不想管了。我已經跟妳的律師說過，我會去自殺。他還會想問我發生什麼事，你們有想過嗎？』律師，他到底跟你說了什麼？」

「什麼？什麼也沒說啊！」我有點生氣，「他沒跟妳說過要自殺嗎？」

「一個十歲孩子，說什麼傻話！我根本覺得是假的。」她開始哭了，「怎麼辦？」

「妳報警，用手機定位系統去找，應該可以找到他。」我突然想到，「如果找到他，記得通知我，我有事情要問他。」

掛斷電話後，我心亂如麻。這時候助理送卷宗進來，「這是殺人未遂案的卷宗，已經從法院影印回來了。」

我無意識的翻著這份卷宗，果然在說詞上，兩人有很大不同，但是檢察官還是根據證人的證詞，以及相關的科學物證，起訴這位被告。沒辦法，從他過往的紀錄來看，確實真有可能涉嫌殺人未遂。

「殺人未遂」，其實很難認定。畢竟人沒死，包括被告砍人時有沒有說，「給他死」、砍的刀數、砍的位置，都會有差異。舉例來說，如果是針對被害人的下半身砍，就很難說有殺人的意圖，就會只構成傷害而已。如果只砍一刀，也不一定會構成殺人的可能性。問題是，傷害的刑度，大概是三年以下；殺人未遂的刑度，卻可以到七年。兩者在事實認定上，經常很接近，但是刑度卻是天差地遠。

翻到驗傷報告時，本來想跳過，畢竟血腥的畫面不好看，但是我還是強迫自己瞭解一下被害人的情況。我突然發現一件詭異的事情，也就是刀痕。從刀痕來看，傷口的形狀與粗淺，似乎不太相同。傷口很淺，而且方向不太對勁，血跡在刀刃上的反應，也有點問題。傷口很淺，代表不一定有殺人的意思，而且根據被害人所說，是用刺傷的方式殺人，但是刀尖的部分沒有血跡，而是刀面有反應。

我發現，我越來越不相信被害人。

幾小時後，警方已經把孩子帶回來，他身邊的安眠藥竟然高達三十幾顆，我希望他媽媽立刻把他帶來事務所。

「我希望跟孩子單獨談一下。」我說，然後請助理把媽媽帶到另一間會議室。

「你有聽過《小王子》這本書嗎？」我故意不看他，眼神就看著會議桌。

他沒有說話。

我自顧自的說，「有一個飛行員，因為飛機故障而迫降在撒哈拉沙漠中，巧遇了從其他星球來的小王子，進而瞭解小王子所居住的星球環境、小王子與他的玫瑰花之間的感情，以及小王子為什麼會到地球上來。小王子說，他離開自己的星球後，陸續拜訪了國王、自負者、酒鬼、商人、點燈者及地理學家的星球，最後來到了最美麗的地球。沿途中，小王子看到了大人世界裡的權力慾望、狂妄自大以及利慾薰心。最後一站是地球，他在地球上先後認識了黃蛇、花園中成千上萬的玫瑰花，以及最後讓他知道真愛為何物的狐狸。透過狐狸，小王子體會到他與玫瑰花之間誠摯的感情，最後與飛行員道別而踏上回程之路。」

我講了很久，我注意到他一直低著頭。

「你們大人的世界很虛偽。」他突然冒出這句話，「活著有什麼好處呢？每天在虛偽的世界裡生活，你不覺得很累嗎？」

我聳聳肩，總算他願意說話了。「很累啊！告訴你一個祕密，我每天都不想工作。」

「就像我每天都不想上課一樣嗎？」他問，只有這時候，他才勉強露出純真的一面。

「不見得一樣。」我想了一下，「我每天要面對的是責任，你每天要面對的是學習。當然啦，責任有時候也是一種學習。」

「那麼，你不覺得人生很痛苦嗎？」他問。

「是痛苦啊！但是你怎麼不看開心的那一面？每天也有很多值得開心的事呢！」我說。

「例如？」他問。

「例如能幫別人解決問題，那就能讓我開心很久。」我說，「你可以幫別人解決問題，讓別人更愛你嗎？」

「不行。我覺得爸媽都不愛我，我很想讓他們都喜歡我，但是他們經常都在吵架，甚至互相在打架。我覺得都是因為我的關係，他們才會結婚，如果他們不結婚就好了。」他又開始低落。

「打架？你是說，你媽媽也會打爸爸？」我問。

「都一樣。」他突然說，「但你是個有趣的叔叔。」

「那你告訴有趣的叔叔，那天晚上到底發生什麼事情？」我問，「你要當一個誠實的孩子，好嗎？」

他搖搖頭，「我不想說。」

「你可以幫助我解決問題，而且這是你可以做到的。」我誠摯的說。

像是下定決心一般，他突然咬牙說，「媽媽拿刀割自己，爸爸把刀搶下來，沒有砍媽媽。」

我心中原本篤定的想法，總算獲得證實。

我換到另一間會議室，她大概也知道我想說什麼，有些侷促不安。

「我現在可以聲請法醫鑑定，想必妳在那把刀上也有指紋，重點是，妳知道小朋友不願意配合妳的說詞。誣告罪，七年以下有期徒刑，如果妳自首，雖然不能易科罰金，但是有可能可以易服勞動，或是請法官給妳緩刑的機會。」我冷冷的說。

「我根本就不應該跟他結婚！」她憤恨的說。

「妳根本不該當母親。」我回她這句話。「你們沒有人愛他，你們關心的都只有自己。在你們的眼裡，他不是小王子，他不過就是魯冰花。」

亞細亞
的孤兒

她不安的站在檢察官前面，幾乎腿軟，
那男人則是得意的看著她，我有些不忍。

有看過這樣的廣告嗎？我依稀記得是在幾年前的台中中港路的高速公路交流道看到的，內容驚心動魄。

「越南新娘，保證面試結婚、不逃跑，包退包換。」

我看到這種文字，差點沒暈倒，這就是號稱「只剩人情味最有價值」的台灣？我們的人情味，就是建立在對於金髮碧眼的外國人說英文，對於黑髮矮小的東南亞朋友另眼相看？任何人權的價值，都不該建立在膚色、種族、性別、國籍、貧富之上。不是嗎？

議員請他來找我，感覺起來事態嚴重且緊急，因為馬上就得見面。我只得排開幾個會議，勉強跟他會面，看看能幫他什麼忙。

他看起來是個純樸的工人，年紀約莫跟我相當，不過神情非常焦急。

「我要你幫我找回我的孩子。」他說，咬牙切齒的。「他們現在人在越南。」

「哦？在越南？」我大概知道怎麼回事，根據二〇〇五年的週刊報導，已經是九年前的調查，至少有約三千名的台灣兒童流落在湄公河畔，因為母親把孩子帶回越南，因為沒有越南國籍，在身分不明的情況下，根本沒辦法受到基本教育。

「你對她怎麼了？」我問。

「她？」他有點疑惑，「你說誰？哪個她？」

「你老婆啊！」我有點憤怒，「不然還說誰？」

雖然孩子是重要的，但我登時卻有「廄焚，孔子退朝曰：『傷人乎？』不問馬。」的感慨，爸爸應該關心的不只是孩子，他應該還有「丈夫」這個身分吧？難道說「丈夫、丈夫，一丈之外，就不是夫？」

「她就是把小孩帶走的人啊！現在也在越南。」他憤怒的說。

「不是啦！我問你，你對她做過什麼事情？有過家暴嗎？」我平靜的問他。

「我？家暴？要看你對家暴的定義是什麼吧？」他不在乎的說，「我是打過她，但是我也對她很好，家裡吃的、用的，都是我在付，我沒有虧待過她。」

「打過她？」我挑了眉毛，「幾次？」

「律師，今天我孩子已經被拐帶到越南，我要你幫我處理，不是來接受你的盤問與教訓的。」他開始有點動怒。

「好！」我舉起雙手投降，「我只是說，事出必有因。」

他悶哼了一聲，沒有回應我。

我想起了越南當地的一部諷刺劇。越南女人要嫁到台灣來，前來相親與迎娶的是長得像貓王的一個年輕人，吹噓自己是富二代；結果女人一到台灣，發現一起辦婚禮的人是重度身心障礙的中年人；第二天晚上，闖進他們房間，跟她發生性行為的人是一個老年人，也就是她公公；而從頭到尾，他們家根本就是領取社會補助的中低收入戶。

「事情怎麼發生的？」我問。

「今天早上，我又跟她吵架，我實在很不爽她一直跟我頂嘴，都結婚快十年了，還這麼不受教，我就順手教訓了她一下。」他講得理直氣壯，我聽得心驚膽跳。

「接著，她跟我說，要帶孩子去吃早餐。我順口回答她好。這頓早餐，竟然吃到現在。當天中午我就覺得不對勁，立刻報警，直到今天早上，我才接到她打來的電話，說兩個孩子都在北越她的老家。」他越講越氣憤，「這女人他媽的欠打！」

「現在呢？」我有點冷。

「現在！你聽懂了嗎？我要我的孩子立刻回來！」他大吼。

「他們現在在北越，我沒辦法立刻帶他們回來，坐飛機也要點時間。」我冷靜的說，「你老婆已經取得台灣的國籍？」

「對！這賤人！拿到身分證以後就開始變了樣！」他恨恨的說。「你問這個幹嘛？」

「這代表兩件事情，第一，你的孩子在越南可能會拿不到國籍，因為媽媽已經不是越南人。她必須得放棄她的國籍，才能取得我國的身分證。這又代表什麼意思呢？代表我願意幫你想辦法，因為這兩個孩子在越南，沒有越南身分，沒辦法受到教育，第二，你的孩子可能有機會回來，因為媽媽不能久留越南，她已經是台灣人，受到台灣法律的管轄。」我一口氣講完，回應他的怒氣。

「那又如何？她現在已經把孩子帶走。」他說，怒氣稍平。

「提出『移送被誘人出國』罪的告訴，同時提出離婚與親權行使的請求。」我很不情願的說。

「移送被誘人出國罪是什麼？」他有點疑惑。

「因為你孩子們只有九歲與七歲，如果有人把他們帶出國，就算是和平非暴力的方式，也有可能構成這項重罪，最高可以處無期徒刑。」我說。

「那就告她！我要她吃一輩子的牢飯！」他立刻說，雀躍之情表於臉上。

我厭惡的轉過頭去，故意不對著他說，「別高興得太早，這不一定會成立，因為這個人是兩個孩子的母親，檢察官的想法中，會有很高的可能性，認為她並不符合這個法條的定義。」

「我聽不懂。你可以用簡單的方式解釋嗎？」他很疑惑。

「就是說，不一定會成立，如果你可以離婚成功，又取得孩子的親權，或許檢察官有可能起訴她。」我說。「但重點也不在於起訴，重點是一旦她出庭，檢察官或許會勸她把孩子帶回來。而如果她一直不出庭，就會被檢察官拘提，甚至通緝，只要她在台灣，就必須面對這件事情。」

「好！我果然沒有找錯人，就交給你了。」他掩飾不住興奮。

我搖搖頭，「我是為了你的孩子，不是為了你。說實話，如果不是因為孩子沒有越南國籍，我不會想幫你。」

「為什麼？」他剛剛才安定的情緒又有很大的起伏。「你對我似乎很有意見？」

「你不應該這樣對你的老婆。」我站起身來，終止了這段談話。「她跟我們一樣，都是平等的。」

檢察官比預期的快，在兩個月左右就通知我們開庭，不過他的妻子並沒有到。

「我跟告訴人確認一下，你要告你的配偶『移送被誘人出國』罪？」檢察官問。

「是的，我太太把孩子帶出國，然後放在她爸媽家，自己回來台灣。」他說。

「我已經把被告的入出境記錄調出來，看起來她確實是在台灣，沒有出境。」他推了一下他的眼鏡。「但是，我希望大律師可以研究一下，究竟父母任一方未經對方同意，就把孩子帶出國，到底有沒有這項法律的適用？」

「我知道。但是也請檢察官幫我們確認被告現在正在哪裡？如果都不出庭，是不是請檢察官拘提或是通緝。」我說。

「大律師，我知道你希望我做什麼，但是我們一切還是要按照法律規定來進行。另外，麻煩你趕快把你們想要說服我的理由提出來，如果已經離婚並且取得孩子的親權，也請你們盡速告訴我。」檢察官揮揮手，要我們出去。

我點點頭，帶著他走出偵查庭。

「檢察官是不是不想辦這件案件啊？」他擔心的說。

「你以為我們是瞎子嗎？看不出來是怎麼回事？」我看著他。「檢察官也很急，只是這件事也急不來，還是要按照程序辦。我們先來想想該怎麼陳述你老婆的身分再說。」我說。

時間過了三個月，關於離婚部分第一次調解，女方沒有到，已經移送到家事法庭審理，可是地檢署部分，似乎也都沒有動作。她倒是因為先生去報人口協尋，已經被警察臨檢兩次，都是在路上被盤查。但是，既然太太已經是成年人，警方也不可能強迫她回去家裡。

我們在等拘提。

終於，又過了漫長的幾個星期，檢察官通知我們去開庭，因為他已經請警方拘提，而且媽媽被拘提到案。

在偵查庭內，她看起來很疲累且驚恐，因為她不知道為什麼會被警方帶到地檢署，而且是以上手銬的方式，當街逮捕她。

她不安的站在檢察官前面，幾乎腿軟，那男人則是得意的看著她，我有些不忍。

沒想到，檢察官竟然溫言的問她，「妳會說中文嗎？要不要幫妳安排越南文的通譯？」

她有點不可置信的看著檢察官，「不用，我會說中文，當然也聽得懂。」

「我今天找妳來，是因為妳都不出庭，我只好請警察帶妳過來。」他還是溫和的口氣對她，「我想知道，妳願不願意帶孩子回台灣？他們在越南沒有國籍，很可憐，妳知道我的意思嗎？」

孩子的媽突然放聲大哭，法警也慌了手腳。「我也不喜歡這樣，我好想他們。」然後突然跪倒在地上，說著我們聽不懂的越南話。

「妳可以幫我們打電話，請妳父母把孩子帶到河內，讓妳先生去帶他們嗎？」檢察官問。

「可以請他們帶過來台灣嗎？畢竟是她……」她的先生突然插嘴，我不想阻止，等著看好戲。

「你不要說話。你不懂互相尊重嗎？」檢察官的臉色突然轉為嚴厲，「我沒有問你話，你希望你孩子永遠留在越南嗎？」

他搖搖頭，但是似乎是敢怒不敢言。

「這位媽媽，妳要為孩子想，他們現在逗留在越南，沒有身分，妳要不要讓他們回來台灣受教育？你們兩個大人不愉快，卻牽涉到小孩子，這樣做是不對的。」檢察官繼續溫和的說。

媽媽點點頭，「我要跟他離婚。」

檢察官示意她把電話拿出來，「妳可以打給妳爸媽，要他們準備一下嗎？」接著轉向爸爸，「給你五天的時間準備，去河內帶他們，可以嗎？」

他點點頭，不敢再說話。

她撥打電話，當庭跟她的爸媽說了一些話，然後跟檢察官說，「謝謝你，他們說會接我先生的電話，請我先生直接去帶。」

「那就謝謝妳了。還有，妳要聲請保護令嗎？我可以幫妳。」檢察官說。

他立刻不服，「我到底是被告還是告訴人？」

「在這個案子，你是告訴人；在保護令部分，你是被告。」檢察官嚴厲的對他說。

他嚇傻了。

「檢座，既然事情解決了，能不能先把所謂的保護令先放一邊，我想他們都願意離婚，保護令對於他們而言，現在也已經沒有太大意義，畢竟他們已經不會共同生活在一起。」我急忙打圓場。

「好吧。但是我希望離婚、親權行使部分，你可以讓步，不可以讓媽媽以後看不到孩子。」檢察官口氣放軟，「台灣的法律，保障所有人，不論是新移民，或是舊住民。」

我們步出庭外，他怒氣沖沖，「大律師，為什麼司法這麼不公平？」

「我之前講過，我是為了孩子幫你，不是為了你。」我似笑非笑的說，「孩子可以回來了，我也已經完成承諾。在你的案件上，司法很公平。」

他轉身掉頭就走。

最後，孩子回來了，但是還有數千個孩子在越南，我們的買賣婚姻，到底與人口販賣有什麼兩樣？而我們又是存著什麼心，看待我們的東南亞籍新住民？

夢一場

他似乎終於發現，
這是一場家庭革命，是一場隱藏很久的叛變。

他帶著保護令來找我，我迅速的瀏覽了一下，用一抹冷冷的微笑跟他說：「如果這些保護令的指述內容屬實，對不起，我覺得沒有辦法抗告，因為我認為你的行為確實構成家庭暴力，我不知道該怎麼幫你辯解。」

他看起來有點手足無措，因為我正在用嚴厲的眼光掃過他全身。他是個矮胖但溫和的中年男子，其貌不揚，但是看起來堅定誠懇。

「律師，不是這樣的，你願意聽我講事實嗎？只需要花你三十分鐘。」他瑟縮的問我。現在才晚上七點，我想應該有時間可以聽聽他的說法，所以我換了一個舒服的姿勢，準備聆聽他如何答辯。

這場會談，進行了三個小時，我推掉了兩個約會。聽完故事以後，我們靜默了許久，我抬頭一看，已經接近午夜十二點。這三個小時，就像是看了一場演了將近三十年的電影。

民國七十年中，他剛從高職畢業，他在高職念書期間，向來就是小混混而已，沒想過未來、沒想過大學。直到遇見她，這個台北第一志願的高材生。他在畢業舞會上認識她，她在他心目中，就是個落落大方、氣質出眾的女神。然而，他想想自己的外貌、家世、學歷，他退縮了。他記得遞紙條給她的時候，她優雅但無情的訕笑，幾乎讓他無地自容，想羞愧的鑽到地底下。

幾個星期的輾轉難眠，他咬牙切齒的詛咒自己的膽小與無能，他下定決心，要讓自己可以趕得上她。他想了想，到南陽街報到，開始了一年的補習生涯，竟然讓他考上了國立大學的財務金融系。他拿了成績單，喜孜孜的向那個女生再度告白，同樣被嗤之以鼻，她早已考上最好的國立大學，而且身邊圍繞著無數出眾的學長與同學。

他再接再厲，每幾天就寫一封信給她，告訴她所有的瑣事，他認真的報考金融證照、如何撐起家裡的生計等等，試圖告訴她，他有多麼的上進與努力。不過，這些信件都宛如石沉大海，毫無音訊。就在他想放棄的時候，他記得，那天是他的生日。

她回信了，是用紫羅蘭香味的信紙寫的。他用發著抖的手，打開這封信，只有短短幾個娟秀的字跡：「我失戀了。明天晚上你要跟我去看電影嗎」，然後是她的簽名。他高興得幾乎要發狂，在沙發跳上跳下。她，終於肯跟他交往了。

那天晚上，他們一起去看電影，他察覺到她心不在焉，但是，誰管呢？總之在她身邊的人，終於是他。看完電影以後，他們一起在電影院外的長椅上聊天，她看著他的眼睛，問了他一句話：「我要你誠實的告訴我。你覺得，愛人，或者被愛比較幸福？」

他望著她晶瑩的眼睛，脫口而出，「當然是愛人比較幸福」；她搖搖頭，「不，我覺得是被愛。」她站起來，拍拍身上的灰塵。「那我們適合在一起了。」

他不敢相信，這天晚上有這麼幸運。然而，從此之後，他們確實在一起了。當她心情不好的時候，他總是有辦法讓她破涕為笑，他最喜歡做的事情就是扮小丑，這時候她就會哈哈大笑，然後說，「你就是這麼醜，醜得可愛」；她偶爾還是會憂鬱，他並不知道究竟為什麼，不過大抵上應該不是「感時花濺淚，恨別鳥驚心」。

大學畢業兩年後，他們結婚了。男人費盡心思，終於讓她點頭。但是，到底他怎麼讓她點頭的呢？

她懷孕了。

她一開始知道這件事情，驚駭莫名。但是他一再的保證，會好好對她們母女。經過他不斷的拜訪她家，最後她總算同意結婚。而且，他們生了兩個女兒。

只不過，這樣的婚姻生活，怎麼說呢？很怪。剛結婚，他的經濟狀況並不好，也就是在證券公司擔任營業員，那時候，台灣還沒開始第一波的股市投機。某天深夜，懷孕的老婆突然想要吃菜脯蛋，他想了想，身上只剩下十萬元不到的存款，但是還要應付接下來孩子出生後的開銷，算了吧！但是她冷峻的眼神，殺得他無言以對。

「走吧！我們騎摩托車去！」他一把拉起老婆，兩個人就這麼到夜市，點了一盤菜脯蛋，他站著看老婆吃，心裡滿是歡喜。然而，老婆一路上淨是臭臉，直到回家以後，老婆冷冷的冒出一句話：「我再也不要跟你去吃飯了，我是孕婦！怎麼可以叫我坐摩托車！」

他渾身冷汗，直說對不起。就這樣，老婆跟他冷戰了一週，直到他受不了，終於吵了起來，到了歇斯底里的時候，他跪下來向老婆認錯。「我以後不會再騎車載妳出去了，都懷孕了，妳的身體要保重」；老婆迅速的甩了他兩巴掌，「這次就原諒你！算了」，他摸摸自己發燙的臉頰，無言以對。

小孩逐漸的長大，但是成績始終不見起色。他每每想訓斥孩子，但是他老婆總是會袒護，讓他無法繼續長篇大論。她最常說的一句話就是：「你國中、高中的成績有多好？垃圾一個！你這種廢物也敢教訓女兒？」

他不敢回嘴，畢竟這是他最深愛的女人。

婚後買的房子，登記在她名下；所有的薪水都交給老婆處理。他越來越好了，闖過七八年的股市高峰、泡沫；八九年的廢核四危機；九七年的亞洲金融危機；一〇一年的全球金融危機；他，在公司裡的表現，雖然一般，但是年薪也有百萬元之譜。

那天晚上，他看著電視，看到正在報導台灣的貧富差距，他興沖沖的呼喚她：「老婆！電視上說，現在年薪百萬元的人，只有台灣人口的百分之三耶！我是其中有排名到的！」

她從房間走了出來，冷冷的看了他一眼：「你這種年紀，有這種收入，是應該的。你到底有什麼好誇耀的？」

他徹底崩潰了，嗚嗚咽咽的在沙發上哭了起來。還好，兩個小女兒都不在家，看不到他大哭的「醜態」。而她，自顧自的轉身進了房間。

那天，她告訴他，想要買新房子。但是他皺了眉頭，因為，現在並不是買房子的好時機，畢竟中央銀行可能會升息，而且他最近的收入也沒有以前好，他婉轉的向她說，能不能過兩年再買。

聽到他的回答，她立刻勃然大怒：「你如果不買房子，以後就不要碰我的身體！我要搬離這個像地獄的家！」

他也怒了，「不碰就不碰！妳把我給妳的提款卡還我！以後薪水我自己管！」一秒鐘，他瞥見了她口袋裡的錄音筆。

「這是什麼！」，他驚訝得無以名狀。

「沒什麼！你一直以來都對我家庭暴力！我要告你！」她忿忿的說。

「我沒有對妳家庭暴力啊！」他還不懂發生什麼事情。

「你用錢控制我！控制兩個女兒！我們要一起告你，你走著瞧！」她轉身就走。

這一夜，很有默契的，她與兩個女兒都沒回來。她們的電話，同時關機。

他似乎終於發現，這是一場家庭革命，是一場隱藏很久的叛變。

第二天，他到學校去找小女兒。就讀國中的小女兒，看都不看他一眼，而且立刻跟老師報告，老師婉轉的跟父親說，「你女兒說，你對全家人有家庭暴力，孩子不想見你」；而就讀大學的大女兒，也就是當年促成他們婚姻的那一位，更是找不到人！

他像是瘋狂一般，四處尋找老婆的下落，但是娘家不透露，只是說，「靜待司法解決。」「靜待司法解決！」他驚訝得合不攏嘴。

兩週後，他收到了保護令的開庭通知，以及三個女人對他的指控。

他準備了一份厚厚的答辯，以及滿滿的悲憤，想要為自己辯駁。不遠處坐了三個女人，他最親密，但現在是最遙遠的家人。

他的案件安排在最後一庭，但是離預定開庭的時間，他等了足足一小時。那時已經是晚上六點左右，法官不耐煩的看了一下手錶，「請聲請人陳述聲請要旨。」

他看著他的太太，這個與他結婚將近三十年的女人，正在對面的原告席次上，眼淚直流，述說著她這幾十年來的委屈。而她的兩個可人的女兒，則是坐在旁聽席上，冷眼旁觀這一切。

好不容易她說完了，輪到兩個寶貝女兒。原本以為她們會保持中立，但是隨後她們所說的話，卻讓他目瞪口呆。

他，徹底的輸了，輸了這段感情，這個家庭。正當他張口要辯解之時，法官不耐煩的再度看了手錶：「時間已經很晚了，能否麻煩相對人下次準備書狀答辯，我們今天講到這裡就好。」

下次？沒有下次了。他把厚厚的答辯狀準備好，等候法官的傳喚。然而，就在一個月後，他等到的是一只保護令的裁定。法官認定他有家庭暴力的情事，並且要求他必須去進行情緒控管的課程。

案件現在到我的手上了，我把窗戶打開，兩個人就這麼悶悶的抽著菸。菸頭的紅色火焰，在深夜中一閃一閃，而我們都沒說話。

「裁定書中所寫的，都不是事實？」我問。

「都是事實，但也都不是事實。」他苦笑說。「舉例來說，裁定書說，我以經濟為手段，控制我們全家人，我的提款卡、存摺都在我老婆那裡，是誰可以控制全家人？我只不過說，如果妳不跟我上床，就不要用我的錢，這樣有錯嗎？我老婆平常施加在我身上的家庭暴力更多好嗎？」

我搖搖頭，「我是說這兩個女兒。」

他嘆了更重的一口氣，「說真的，我不知道怎樣管教孩子。她們兩個孩子，明明在幾年前還跟我很親近，但是青春期以後全變了，我只要稍微兇一點，就會威脅我家暴！」

「怎麼說」，隨著我們教育體系中，公民教育的推展，小朋友確實很會把「爸爸你家暴」這五個字掛在嘴巴上。

「我就舉兩個例子」他說，「大女兒現在念大一，她很漂亮，就像她媽媽一樣的美。因為學校很遠，所以住在學校宿舍。她的學校在郊區，校區又很大，起初我是反對她住在宿舍，希望她可以通車，但是她堅持不要。只是，大一上學期，她外出住宿以後，讓我很失望。她每天都玩社團到半夜一、二點，才從社辦大樓回去宿舍，第一學期的成績，有三科不及格。有天她回家，我拿了成績單問她，如果繼續這樣下去，她乾脆休學不要念書好了！你知道她在證人席上怎麼跟法官說嗎？」他停頓了一下，「我對她家暴！也就是不讓她上學，控制她的行動！她只講後半段，不講前半段！」

我點點頭，默不作聲。

「再來，小女兒剛上七年級，她本來就比較叛逆一些。她有天補習回家，用『七字步』的方式，站著直呼我的名字，問我：『你為什麼還不跟媽媽離婚啊』。我聽了以後，覺得很驚訝，怎麼可以直接叫爸爸名字，還管父母離不離婚！我走過去，『輕輕』的在她臉上打了兩下。」他用動作比擬給我看，如果真是如此，那真的只是輕輕的在臉上拂過而已。「這也是家暴！說我不顧女兒顏面，呼她巴掌！」

「只要小孩成績不好，我要責罵孩子，我老婆冷峻的眼神就會射過來。『你以前成績是多好？還不是廢人一個！現在你憑什麼管孩子！』我在孩子前面根本就沒有地位！」他越說越激動，高昂的聲音，劃破寂靜的夜。

我靜默的聽著，未發一語。他激動的情緒，在發洩完以後，也逐漸平復。

兩個男人，相對無言，竟已到了深夜。多年前的咒語，竟然成真。愛人是幸福，或被愛最甜蜜？竟然只能二選一！

「你愛她嗎？」我問。

「我當然愛她。」他立刻回應。

「你愛她什麼？請你列舉十項她的優點。」我緊追不捨。

「啊！」他有點愣住，應該是第一次有人這麼問他。「我不知道。」表情有點尷尬。

「快啦！我要決定怎麼幫你解決問題的方向。」我催促他。

他非常認真的想了三分鐘，表情苦思。

「我覺得她很漂亮。」他表情迷惘的說。

「還有呢？」我笑笑的問。

「沒有了！沒有了！沒有了！」他粗暴的連說三次。「我覺得她很美，就這樣了。自從我認識她這幾十年來，她沒有一天對我好過，我甘願！她對我總是冷言冷語，我接受！她對我冷嘲熱諷，我沒意見！我真的很愛她！」說完以後，一個大男人，竟然又嗚嗚的哭了起來，讓人看了心疼。

「星期天早上，我躺在床上想事情。三十年前的星期天，我也是這樣躺在床上，想著未來我會是什麼樣的一個人；那時候我對於自己的人生充滿信心，準備要念書、結婚、生子、買房子；三十年後的這個星期天，我一樣這麼躺在床上，一樣一個人，唯一不一樣的是，我老了、肚皮鬆了，眼袋垂了。除了外貌，彷彿一切回到了原點。」他斷斷續續的說。

「她沒有要回家的意思？」我問。

「她帶兩個女兒走了，現在不知道在哪裡。有保護令在身，我也不敢去找她們。」他說。

有時候，保護令還真的不知道保護了誰？

我突然靈機一動，「你要將她一軍嗎？」

「我不知道我能怎麼做。」他說。

「我們提告，離婚，根據民法一〇五二條第二項。」我直視他的眼睛。

「我，怎麼能離婚！」他瞠目結舌。「況且，我問過其他律師，她有保護令，算是我在婚姻裡有錯，所以只有她能提離婚，我不能。」

民法一〇五二條，是所謂的離婚條款，共分有兩項。第一項是所謂的列舉事項，舉凡家庭暴力、通姦、重婚等等事項，都可以是離婚的事由。第二項就是所謂的「消極的破綻主義」，當夫妻任何一方，認為在這種狀態下，一般人都無法繼續婚姻時，可以依據這一項提出離婚的請求。但是，這一項離婚的事由，只能是過錯較小的一方提出，如果一方毫無過錯，另一方有過錯，那麼有過錯的一方就不能提出離婚，這稱為「消極的」破綻主義。目前有部分的歐美國家，已經採行「積極的破綻主義」，也就是只要夫妻不合，不論過錯，均准予離婚，不過我國還沒有這樣的設計。

「沒錯啊！」我老神在在的說，「但是你覺得，你太太之所以不願意離婚的原因是什麼？愛你？別傻了！」

「什麼？」他驚訝的問。

「當然是你的財產。你現在的房子，登記在她名下，如果離婚，會衍生剩餘財產分配的問題，你可以拿回來一半。所以，我猜她現在最想做的事情，是把房子賣掉，然後把現金拿了遠走高飛，不然她為什麼要『不戰、不和、不降、不走』？」我問。

「可是現在房子是我在住，應該不會有問題吧？」他很疑惑。

「她要賣，你怎麼擋？」我冷笑。「房子可是在她名下。況且，她不愛你，她這輩子沒愛過你。」

雖然臉色鐵青，但我就像是說出「國王沒有穿衣服」一樣，他還是艱難的點了點頭，應該已經有所覺悟。

「我們明天就開始做假扣押，同時提出離婚。我要讓她知道，什麼叫做進退兩難。」我悠悠的說。

離婚訴訟，在法院裡有所謂的強制調解程序。法院會要求雙方當事人到法院的調解委員處調解，如果談妥，可能可以直接撤回訴訟，回到溫暖的家；或是談不妥，直接進法院繼續打訴訟。

他太太沒有過來，只有一個律師代表。這位律師彬彬有禮的說，「你們扣押我們當事人的房子，我們認為應該先處理這一部分。另外，你們的理由，根本違反民法一〇五二條第二項的規定，我們希望你們可以撤回訴訟。」

「什麼你們我們的。」我心裡暗罵。「不好意思，如果你們拒絕離婚，那麼我們就直接進入法院。我們沒有太多好說的。」我拉起了當事人，直接往外走。

「不談嗎？」他緊張的問。

「有什麼好談的？」我輕鬆的說，「本來，我們的戰略就是直接進入法院，讓法官來做決定。好消息是，她沒辦法賣房子，她很焦慮。」

法院終於開庭，這位法官，是家事法庭中，相當有意思的法官，因為她會在開庭過程中喊暫停，親自下來調解。這種法官，在台北地方法院很多，但是在其他法院比較少見。也因為如此，通常讓當事人與律師等最久的法院，也就是台北地方法院家事庭。基本上，家事庭的運作與一般法院不相同，就是法官的耐心與愛心，必須非比尋常。而律師，如果不懂家事法庭的運作邏輯，也沒辦法當一個好的家事律師。

法官看著這兩位冤家。她點點頭，要雙方都說些自己的委屈。

女方的淚水，如月亮吸引潮汐般的大量湧出，從他們結婚開始，到現在為止，他的惡行、她的痛苦。她的律師在旁邊，並沒有阻止她。

我心中暗笑，因為擔任不願意離婚的被告律師，其實相當痛苦。怎麼痛苦呢？第一，我們要想辦法回應，為什麼對方提出離婚，我們堅持不願意。不願意離婚的原因，通常不會是因為愛，愛早就磨光了，不然也不會到這裡來。可是婚姻又是基於愛，所以要想辦法回應對方的攻擊。其二，我們又不能用力攻擊對方，因為一旦如此，法官就會判定我們已經不適合在一起。所以在攻擊與防禦之間，火力必須要維持恆溫，又得要違心的說，自己的當事人還深愛著對方，是非常痛苦的事情。然而，顯然她的律師沒告訴她這些，她的火力異常兇猛，聲聲句句訴訟我們的不是。

好不容易，等她說完，我點頭示意，要他全面開戰。

「親愛的，我這一生中，從來沒有愛過一個女人這麼深。」他這樣的開頭讓我嚇了一跳。「但是，這二十多年來，我發現妳根本不愛我。我騎車載妳去夜市的事情，妳可以講二十年；女兒英文不好，妳就嫌棄我的高職學歷很低，也嫌棄了二十年；平常就是用垃圾、廢物來罵我。是，我以前是對妳認錯過，但是不代表我有錯，只是先認錯的人比較愛對方而已。這幾天，我終於懂了，被愛的人，不會幸福，愛人的人，也不會幸福。我們彼此之間根本不相愛，妳讓我走了吧！女兒給妳！財產給妳！這二十多年，我就當作是夢一場。」

他說完，趴在桌上開始哭，像個孩子似的，而全場靜默，連書記官打字的動作都停止了。

法官似乎被他的告白動容，但是我一點也沒有喜悅。

在鈕承澤導演的一部片：《情非得已之生存之道》中，訪問了蔡啟芳，問他什麼是快樂？

他說：「像我這樣的體格，如果去交往林志玲，你覺得我會快樂嗎？」

是的，蔡啟芳如果跟林志玲在一起，不只全天下的男人都會很不快樂，蔡啟芳可能會最不快樂，因為那不是他可以得的。不是應該自己可以得的，如果得到了，會快樂嗎？

不過就是夢一場而已。

手
放開

只有對的時間遇到對的人，
才會是一場喜劇。

他，看起來是個俊秀的年輕人，約莫三十幾歲。從他斯文的外表來看，我不能相信他的太太會對他提出保護令的聲請。

「你有對你太太動粗？」我問。

「不可能。」他說。「我非常愛她，而且她所說的話，根本就不是事實。」

「你非常愛她？有多愛？」我似笑非笑的問他。

「我們在三個月前認識，她在一家酒店上班。我們在臉書上認識以後，我就叫她不要繼續在那種地方工作。我們約會了幾次以後，就決定結婚了，到現在整整三個月。」他說。

「三個月？酒店？臉書？約會？結婚？」我從嘴巴裡困難的吐出這幾個關鍵字。「你也不是十八歲，腦袋裡在想什麼？」

「律師，職業不分貴賤，你不是都這麼說的？」他理直氣壯的反駁我。

「是沒錯啦！」我立刻反駁他，「每個關鍵字獨立來看，都沒有問題。但是組合在一起就很奇怪。如果我用另一種說法，那就是，你跟一個在網路上認識只有三個月、約會兩三次，在酒店上班的女生結婚了三個月。」我一口氣像是繞口令似的講完。

「是啊！有什麼不對。」他問。

「都不對！都對的話你就不會來找我了。」我說。

他沒有再說話。

我見他不再爭論這個話題，總算鬆了一口氣，問他，「她提出來的保護令事實是什麼？」

「她說我在上個月晚上九點多返家以後，對她動粗，並且還罵她三字經。」他說。

「那麼，你那天晚上九點多在哪裡？」我問。

「對！這就是重點，我晚上九點多剛離開永和的辦公室，怎麼可能在家？」他氣憤的說。

「不過，我算算。」看著訴狀上的住址，我進一步問他，「辦公室與家裡的距離大概也是二十到三十分鐘就到，所以還是有可能發生。」

「我真的沒有做這些事情。」他洩氣的說，「我很愛她。不然，她要走的時候，怎麼還會記得留下一張字條，叫我要餵她的貓？」

「愛情、占有、權力、暴力」，這四組關鍵字，往往就是家庭暴力的發生原因，所以愛，經常伴隨著暴力，而不是因為愛，就沒有暴力。相反的，如果不愛了，除非有恨，才會出現暴力，而那又是另一種不同的選項了。

我搖搖頭，沒有解釋。

我看著驗傷單、照片、家庭暴力通報表等，似乎真有其事，但是看他信誓旦旦的否認，也提出一些疑點，頓時覺得整件事情就像是羅生門。

「你太太呢？」我問。

「她不見了！在那天以後就離家出走，到現在還沒回來。」他黯然的說。

「你有報警嗎？如果超過二十四小時，你可以到警察局請求協尋。」我說。

「我去過了。可是隔三天，警方就告訴我，她騎機車被臨檢，但是立刻到警察局撤銷通報。警方也不能強制她回家。」他說。

「那麼，你要不要離婚？畢竟你們也才結婚三個月。」我眉頭緊蹙。

「我不要！我很愛她。」他突然大聲了起來。「我沒有對她家暴，她到底為什麼要這樣做？」

「很簡單，離婚而已。」我說。「基本上，離婚三步驟：家暴、逃家、離婚。通常會聲請保護令，大概就是離婚的前奏，更何況她已經走到第二步驟了。」

「那我該怎麼做？我真的很愛她，我不想跟她離婚！」他開始乾嚎。

「那麼，我們只好反制，提起履行同居義務之訴，請求法院裁定，要求你太太履行同居義務。」我說，「不過我要提醒你，履行同居義務的訴訟，就算裁定下來，也不會有強制力，不能聲請強制執行，因為這涉及人身自由，頂多只能作為將來離婚的事由而已。」

「那我提出這個訴訟做什麼？」他很疑惑，「我又不想離婚。」

「可以反制。如果將來法院認定你並沒有對她家暴，這時候她又不履行同居義務，就會構成『惡意遺棄配偶在繼續狀態下』的狀況，也就是說，離婚的過失在她不在你，所以她不能提起離婚訴訟。」我說。

他點點頭，「好吧。我們也提起訴訟」看來他接受我的建議了。

「不過，我不能要求法院把公函寄到你家，必須要寄到她的戶籍地或現居地，你知道她住哪裡嗎？」我問。

「應該是她的娘家。」他說。

很意外的，三星期後，她先生很興奮的打電話給我。「大律師，我太太出現了，她接到傳票以後，氣急敗壞的打給我，罵了我一頓，我還有錄音。」

我嘟噥的說，「被罵還這麼興奮，這種嗜好我還是第一次聽過。」

「律師？」他問，還好他沒聽清楚。

「請你們這對夫妻，明天早上九點到辦公室來，我親自調解。」我信心滿滿的說。

第二天早上，這對夫妻果然準時出現。女生個子嬌小，看來雖然稚氣未脫，但濃妝豔抹。女生昂首驕傲，男人則是一味的奉承討好。

我嘆了一口氣，果真是「愛上無藥醫」。

我清了清喉嚨，「你們到底想不想復合？」

「想」、「不想」，兩個人異口不同聲。

「我們先來釐清幾件事情，你到底有沒有對她家暴？」我故意問男生。

「怎麼可能?!」他轉身對太太說，「我很愛妳，對不對，老婆」，還不忘加上這個稱謂。

那女人不屑回應他，「我不想回應這件事情。」

「那麼，妳想離婚的原因是什麼？」我問女生，換個話題好了。

「我當然要離婚。他是個保全，就只是個保全。賺錢太慢了，我不想過這種苦日子。」她說。

他突然憤怒了起來，一反剛剛的謙恭，「苦日子！難道妳就要吸毒、在酒店工作、跟別的男人上床？這才叫做爽日子？為什麼我們不能好好過平凡的日子？」

他說完話以後，隨手把他帶來的小提袋倒出來，裡面淨是保險套、花名冊、針筒。

我有點驚嚇，「這是什麼東西？」我心想，還好沒有毒品。

「我在她離家以前，在她的手提包裡找到的。」他忿忿不平的說。

小女生倒是一點也不驚慌。「那又怎樣？」

「等等，所以妳承認妳有吸毒、賣淫？」我驚訝的問。

「對啦！你是聽不懂喔？你下次可以來我們酒店啊！律師可打八折。」她若無其事的說。

我差點想問，要出示律師證嗎？但是我這時候只想笑。

「所以妳一定要跟他離婚嗎？」我努力的希望她同意離婚。

「不離婚也可以。但是我想要幾個條件。」她說。「第一，他以後不可以管我去哪裡、幾點回家。第二，我要去酒店上班，還要跟別人上床，他要同意。第三，不可以管我的錢。第四，不可以管我吸毒。」她一口氣說完，就像當我是死人一樣。

他臉色慘白，嘴唇微啟，「我不可能同意。」

我很有興趣的看著這個濃妝豔抹，可能還只有大二年紀的小女生，「妳為什麼一定要去酒店上班？難道不能過平凡的生活嗎？」

「大律師，你真的不懂殘酷的社會耶！這社會上沒有錢，誰會理你？」她說。「我的想法是這樣，苦幾年、賺點錢，然後做點小生意。你不要瞧不起我！我平常也是有在看《今周刊》那種財經雜誌，我英文是不好啦，不然我也想看看時間雜誌什麼的，你不要以為我不求上進好嗎？」

我傻了眼，但不忘糾正她，「《TIME》是時代雜誌，不是時間雜誌。」

「隨便啦！」她還是不在乎的說。「總之我很上進，你懂不懂啊！」她老氣橫秋的教訓著我。

「但是妳先生不可能同意妳吸毒又去酒店上班的。」我說。

她突然暴怒，「那我也不同意跟他繼續這段婚姻，隨便他了！」說完拿起她昂貴的名牌皮包，掉頭就走。

她先生連忙追出去安撫她，「不要這樣，有話好說！」

「說什麼說，你去死啦！」她在事務所門前開始數落他，「你這個沒有用的東西！你挽留個屁啊！有本事你去賺錢啊！沒本事我來賺嘛，你在那邊機車什麼！」接著就是一連串的三字經。

我聽得很頭痛，但是我不想排解。

剎那之間安靜下來，她總算走了，順帶甩了他一巴掌。

他回來事務所，帶著歉意。「怎麼辦？」

「沒怎麼辦啊！」我說。「你確定還是要這樣的女孩？」

「我要！」他堅定的說，彷彿這是他唯一神聖的使命。

我想起了網路上一段廢話：「真正愛妳的男人，不管妳打他、罵他、叫他滾，甚至說分手，他都會賴在妳身邊。因為他知道，妳沒了他，會獨自哭泣。」

他，大概就是這種人吧！「真正愛妳的男人」，或者簡稱，「真男人」。

我們提出履行同居義務的聲請，她並沒有出現。

法官無奈的跟我們說，「相對人寫了一封信給我，她說，無論如何她都不會回去，也不會來開庭。所以我應該會結案。但是你們應該知道，我的裁定並沒有執行力。」

我們點點頭。

裁定很快就拿到了，法院要求她必須履行同居義務。

那保護令呢？

對方聲請保護令，但是竟然不出庭說明。在我們提出當時的打卡記錄，以及一般通勤的時間大概需要三十分鐘以後，法官初步也相信我們的看法。接著我們又補充在她皮包裡找到的保險套、針筒等等，法官口頭表示，大概不會接受她的聲請。

到目前為止，算是取得相當的優勢，我們取得一張裁定，對方的指控沒有成立。所以目前對方如果要提離婚，應該會有一定程度的困難。

但是問題沒解決，這個小女生，還是不回家。

法律只是工具，不能解決所有的問題，在這件事情的本質上，展露無遺。

我們就這樣沒有聯絡了，直到半年以後，他帶著另一個女孩來事務所找我。

「事情解決了嗎？」我笑著問他，看來他已經想開了。

「是的。後來她雖然有回家，但是因為吸毒，最後檢察官起訴她，我實在忍無可忍，所以我們到戶政事務所登記離婚了。我突然發現，其實以前我愛得死去活來，只是因為得不到她而已。我真正愛的人，是我自己，不是她」，他指了旁邊的女孩，「而現在，她是我女友。」

「你不會在三個月內又結婚吧？」我問他。

「不會啦！」他很不好意思，「我要娶她，她還不一定願意嫁給我呢！」

在他旁邊的女孩很嬌羞，我覺得他這次應該可以認識正確的人了。

錯的時間遇到對的人，是一場悲劇；對的時間，遇到錯的人，是一場鬧劇；錯的時間，遇到錯的人，是一場爛劇。

只有對的時間遇到對的人，才會是一場喜劇。

還有，得不到的，永遠是最好的。這句話不過是一種自我催眠而已。還沒走，只是不夠痛，真正痛了，就會放手了。

第三者

最壞的，往往是背叛情感的那個人，
而不是勇敢去愛的那個人。

我沒有料到會是第三者來委託我，希望可以幫忙她的「男友」離婚。

在若干年前剛執業的時候，曾經有客戶請求我幫忙他提起離婚訴訟。我問了原因之後，當下拒絕他，原因大概就是，根本沒可能。

他自己有外遇以後，老婆對他發飆，他覺得「生不如死」，所以希望提起離婚訴訟。這在民法一〇五二條第一項或第二項，也就是裁判離婚法條的規定上，完全無法適用。第一項，列舉了十項的事由，但沒有一項是「自己與他人通姦」時，得請求離婚。第二項，雖然說採取的見解是破綻主義，也就是婚姻有破綻也可以聲請離婚，但是破綻的過失必須不是出於自己。當自己有外遇，導致婚姻破綻，過失當然在自己，如何聲請離婚？

「我沒辦法幫妳，於法不合。」我看著淚眼汪汪的她。「更何況，如果他也想離婚，為什麼不親自來問我，而是妳來問我？會不會是妳自己一廂情願？」

她急忙搖搖手，「不是，他只是不方便來。」

「不方便？」我心裡閃過許多念頭，「他是病了、還是忙了？」

她低頭說，「他身分不方便。」

我又好氣又好笑，「什麼身分不方便？我看過的大牌也不少，哪有什麼不方便。」

「他是一家上市公司的老闆，如果這件事情爆發，對他而言很不好。而且，他年紀有點高，我覺得他不會願意來事務所談離婚，或是上法院打離婚訴訟。更何況，他太太已經知道我的存在。」她說。

我看看這女孩的年紀，大概還不到三十歲，看起來很年輕。「所以妳是說，他想離婚，但是他不想上法院？」

她點點頭。

「這太困難了。再說，我一定要跟他見過面、談過話。如果他不願意，那麼我不能接這個案件。妳不是婚姻當事人，況且我不知道怎麼協助妳。」我說。

「你是因為道德觀的問題，認為你不能協助第三者嗎？」她很焦急。

「哈哈！」我突然大笑，「我從來不認為律師可以評論誰的感情對或錯，感情上的第三者，不一定就是壞人。其實，最壞的往往是背叛情感的那個人，而不是勇敢去愛的那個人。」

她沒說話。

「只是，我必須告訴妳，他要我幫忙，就得來見我。談完以後，我會考慮要不要幫他。」我強硬的說。

她勉為其難的點點頭，「我會去問他的意見。」

她要走之前，我問了她一句話，「妳可能會被他太太提告，妳要有心理準備。」

「我愛他，為了跟他結婚，我可以接受。」她肯定的說。

我掀了下嘴唇，原本要說出的話，還是吞進了口，「妳到底愛他的錢，還是愛他的人？」

她離開以後，我已經把這件事情淡忘，直到幾週後的一個下午，一個老者，沒有預警的闖進事務所。

「我要見律師。」這個老人家霸氣的說。

即便助理婉轉的告訴他，我在開會，他仍然堅持要等。

助理進了會議室，低聲告訴我情況，我大概猜想他是誰，然而我決定讓他等。

一小時過後，我走進他所在的會議室。

「你知道我是誰，還讓我等這麼久。」他一手遞來名片，一邊不忘調侃我，「如果不是她指定找你，我不可能浪費時間在這裡。」

「那你就走吧！」我乾脆的說，「在我眼裡，所有感情上遇到困擾的人都一樣，沒有因為身分地位而有所差別。」

「你！」他沉住氣，「你平常要見我，是見不到的，我可以給你公司的法律顧問契約，可以抵上你一年的業績。」

「問題是我沒有要見你，而且我也沒有要當貴公司的法律顧問。」我自顧自的說。

他沉吟了半晌，「好吧。我想，我們都通過彼此的考驗。我要認真的拜託你，幫我處理我的婚姻。」講完以後他起身來向我鞠躬，就像日本企業家在請求銀行貸款一樣的鞠躬。

考驗？當下我的腦海裡竟然出現電影《雷洛傳》中，岳父白飯魚考驗雷洛的方式，為了阻止他與女兒交往，讓他可以任意搬走賭場的錢，但雷洛拒絕了，白飯魚因此很欣賞他。

「我該說，還好我有拒絕嗎？」我苦笑說。

「我想跟我太太離婚，事實上，我們已經分居二十年了。她過她的生活，我過我的生活，這二十年來，她從來沒有關心過我，我認為這樣的婚姻已經名存實亡。」他認真的說，一字一句。

「但是你們之間的婚姻，有第三者介入，而且你太太知道她的存在。將來在法庭上，恐怕她會提出相關的證據，證明你有外遇，因此請法官駁回你的請求。」我說。

「這是因，還是果？」他嚴肅的問我。

「什麼？」我疑惑的看著他。

「你覺得分居二十年以後，我認識了一個人，她可以關心我、照顧我，你認為外遇是離婚的原因，還是離婚的結果？」他繼續問我。

「不論是因或是果，問題是在法官看來，你現在就是處於不忠於婚姻的狀態，自己有過失而要請求離婚，是有困難的。」我堅持不討論因果，即使有點心虛。

「律師，我不過就是希望快樂。我已經為公司幹活幾十年了，到了這把年紀，我認為我找到真正的愛情，我不能追求我要的女人嗎？」他眼睛發亮的說。

「你們認識多久？或許這是激情，不是愛情。」我繼續追問。

「小伙子，難道你覺得我是剛出道的年輕人？我知道她年紀都可以當我女兒了，但是她認識我的時候，根本不知道我的背景。後來我們交往以後，她也從來沒關心過我在做什麼。即使現在知道，她堅持採取分別財產制，也同意我立下遺囑，把所有的遺產都交給我的太太。你覺得，我會分不出來真情還是假意？」他哈哈大笑，似乎覺得我多慮。

其實我心裡還是有很多內心話，但是此刻，我只能說「激情無藥醫」。

「我知道你不相信我！我告訴你，財產算什麼東西？就算我全部的財產都給她，我也願意！金錢可以買到快樂嗎？辦不到！」他突然怒了，「這是我賺的錢，我想給誰就給誰，請你同情一個老人家好嗎？」

霎時我真的以同情的眼光看著他，因為他這時候真的像個任性且無助的孩子。

「我答應你去跟你太太談談看，但是我不保證任何事情。」我只能無奈的這麼說。

「不可能。」她優雅但堅定的跟我說。「您還是請回去吧。我生是他們家的人，死是他們家的鬼。」

「我知道。我也只是禮貌性來拜訪您。」一進門，我就準備離去。
「不急。律師，我很久沒有跟人家聊聊我先生了。」她示意我留下。「他最近好嗎？」
「雖然他說他不快樂，但是看起來還是不錯。只是你們為什麼會分居這麼久？」我換個問題問。
她露出微笑，還是很有教養的說，「我從四十年前跟他在一起。那時候，他什麼都沒有。我們從小包商開始做起，他每天就是早出晚歸，我幫他處理財務。你知道嗎？那時候我還得幫他背債、當保證人。每天都在祈禱上天，今天不要跳票，事業不順利的時候，他會對我罵三字經、打我，喝得醉醺醺的。我是不能懷孕沒錯，他也為了這件事情跟我吵很久。但是等到他事業穩定，開始上市上櫃，除了不孕之外，竟然還不斷有女人出現。我就是受不了他這麼有女人緣，所以才跟他分居到現在。」
我看著這個瘦小而有氣質的女人，靜靜的聽著她平淡的陳述，不帶感情的。
「不過，他倒是第一次跟我提離婚。以前的女人，在他眼裡不過就是遊戲而已，他現在是怎麼了？他以為我會把名分、財產讓出去嗎？」看我沒說話，她情緒稍微開始有些波動。
「我知道，所以我只是想瞭解您的想法，我會轉告他的。」我客氣的說。
「要他好好照顧自己的身體。」她末了淡淡的說。
我沒聽懂，但以後我就懂了。

這件事情就這麼擱著了，而冬天，很快就到來。

又是晚上十點多，手機響起，看起來是不認識的人，但是我猜錯了。

「律師，我曾經去找過你處理那位先生外遇的問題，你可以來醫院嗎？」一個女生著急的說。

「發生什麼問題？」我很疑惑，「我該去法院，不是去醫院吧？」

「原來他一直有肝癌，現在昏迷中，我不知道要怎麼辦。」她看來是沒辦法了，持續的哭泣。

「我稍後就到。」我只能認分的這麼說。

在醫院裡，她手足無措，問我，「這是病危通知，但是我沒辦法簽其他文件。」她頓了一下，「我就不是他太太！」

我攤手，「那也沒辦法，醫師已經聯絡他太太過來。」

「他不能走，我肚子裡現在有他的孩子！現在都四個月了。」她哭喊著說。

這已經比八點檔連續劇還精彩，什麼時候不來，這時候竟然出現一個孩子。

我抿著嘴，只能看著她哭泣，勉強的吐出一句話，「這就是妳一定要跟他結婚的原因？」

他太太在隨扈的簇擁下進來，表情漠然，隨即進入病房。

我走過身邊低聲問她，「可以讓她看他最後一眼嗎？」

她面無表情的說，「不可能。」

「但是她已經懷孕了。」我很急的說。

「誰的都還不知道，再說吧。」她一貫的冷靜。

她關上門，把所有人擋在門外。

隔了五分鐘，漫長的五分鐘，她突然把門打開。「我只給你們幾分鐘時間，進來吧。」

太太刻意的離開病床，而我示意那個女孩進來床邊，她沒說話，就怔怔的看著他，全身已經插管，眼睛閉上不語，過去的叱吒風雲，在病床上，完全不復見。

氣氛很僵，眾人沉默，時間就這樣一點一滴的流失。

太太突然轉過身來，激動的對他說，「你給我醒過來！你從創業以來，你就沒有被擊倒過。現在你已經有了小孩，不能給我現在就死！你給我負起責任，不要一走了之，孩子是無辜的！他還沒看過父親。你給我振作，不可以被打倒！」

我注意到他的身體動了一下，眼睛費力的睜開，似乎想說些什麼。

太太跪趴在病床上，不顧形象的開始哭泣。

偌大的長廊中，不斷有啜泣的回聲，一個生命即將逝去，而另一個生命稍後誕生。

對　摺

她離去時的眼神，讓我不寒而慄，
那是一種受傷、絕望的母獅子才會發出的怒吼。

他們兩人剛結婚時，是所謂人人稱羡的「金童玉女」或「郎才女貌」。男人是設計公司的經理，生意正好。女人在某大使館工作，薪水也不差。從外表而言，男人長相俊俏、外表英挺，女人面容姣好、凹凸有致。

他們因為大使館裝潢而相遇，男人負責設計工程與監工，女人因為負責總務，經常要與他開會，有一次，他拿了一張衛生紙，上面寫了他的電話，還有幾個字，「可以跟妳做朋友嗎」，她笑著收下來。不知不覺，兩人竟互相吸引。三個月後，在數次的花前月下後，他們發生了性關係，女人因此而懷孕。男人索性要求女人把工作辭掉，也一起辦理結婚登記，兩人就住在父母家中。

男人覺得，這真是天上掉下來的禮物，他從來沒想過，自己能遇見這麼好的女孩，他承諾會愛她一生一世；女人也願意從此以後，為他洗盡鉛華，寧願在家相夫教子。女人把初識的那張衛生紙交還給他，他則是對摺再對摺，收在前胸的口袋裡，鄭重的對她說，「我會照顧妳一生一世，我就是妳上廁所的時候，需要的衛生紙」，女人啐了他一口，抓住他的手臂，就咬了下去，留下鮮紅的齒痕。他痛了好久，但也笑了好久。

然而，好久，終究也只是好久，不會是永遠。「也許每一個男子全都有過這樣的兩個女人，至少兩個。娶了紅玫瑰，久而久之，紅的變了牆上的一抹蚊子血，白的還是『床前明月光』；娶了白玫瑰，白的便是衣服上沾的一粒飯黏子，紅的卻是心口上一顆硃砂痣。」張愛玲說。

孩子出生以後，女人不知怎麼的，開始呈現憂鬱的狀況。男人還是一樣的作息，但是女人開始覺得生活無趣。男人的母親幫忙帶孩子，夫妻倆幾乎不用操心，夫妻倆只要晚上幫忙就好。但是新婚的燕爾，很快就被孩子的哭聲、無聊的生活所取代。她想出去找工作，以她傑出的外語能力，應該很快就能夠重回職場。然而男人卻要她好好幫媽媽帶孩子，生活無虞就好，何必一定得要是雙薪家庭。再說，孩子以後逐漸大了，也不能老是讓媽媽帶。男人是這麼覺得的。

不知從何時開始，女人的情緒起伏漸大，而男人也開始不耐煩。「妳到底有什麼好抱怨？我每天工作很累。」「你要不要試試看每天跟你母親相處？照顧孩子、清理家務？我不適合這樣的角色！」

男人努力想安撫她，但是她並不買帳，直嚷嚷一定要出門。然而，孩子並不好帶，媽媽體力也有限，他以為是女人的安全感作祟，所以他交出了所有的帳戶給女人，希望她能夠知道自己的用心。

一切徒勞無功，她開始「學習」自殺。

起初，她只是拿了小刀，在手腕上劃幾刀，男人發現以後，大驚失色，立刻把她送到鄰近的醫院求救。醫師認為，她可能有中度至重度的憂鬱症，需要家人特別注意。男人不知道該怎麼辦，因為工作還是得要繼續，許多工程都在進行，家裡也只有他是經濟支柱。他默默的跟精神科醫師約了下次的門診，然後認真的想跟她溝通，他們的愛情與人生，其實已經生病了。

她有氣無力的希望男人可以答應她，讓她到外面找工作。「我不要小孩！這個家是牢籠！你們把我綁在這裡，是什麼意思？」她大喊大叫，男人與母親都被嚇傻了。

男人總算答應了她。然而，當她開始找工作以後，就沒這麼順利了。一個多月後，才總算有一家進出口貿易公司願意雇用她，擔任祕書的工作，月薪竟然是先前的一半。男人希望她不要答應，因為兩萬多元的薪水，或許根本不夠她的交通費、外食費、交際費等。

她堅持一定要去，男人也只能讓步。

只是工作的代價，竟然如此龐大。她沒賺到多少錢，但是賺回了外遇。工作幾個月後，女人竟開始晚歸，首先是幾十分鐘，接下來是一兩個小時，然後是過了半夜才到家，男人嘗試跟她溝通，問她到底怎麼了，怎麼連孩子都不要了？她沒有回答，只是推說，因為增加了美國客戶，所以得加班。

見鬼的加班，半夜還加班？男人開始懷疑，畢竟她還是那個貌美如花的女人。

那天傍晚，他跟幾個朋友，一起到她上班的公司門口等候。晚上六點多，只見她挽著一個男人步出公司門口。他沒多說什麼，只是要他朋友上車，發動引擎，跟蹤他們的去向。只見他們一路往汽車旅館的方向走，他心知不妙，但是沒有想阻擋他們，畢竟什麼證據也沒有。攔車下來以後，他又能如何？

他們真的進了汽車旅館，他壓抑著滿腔怒火，想要進房門痛打他們一頓。然而朋友壓住了他，要他冷靜。二十分鐘以後，他們總算決定敲門。他朋友敲了三分鐘的門以後，女人總算開了門縫，穿著睡衣，她看到門口出現她先生，立刻驚慌的又把門關上。隔了十分鐘，他們還是不斷的敲著門，旅館也通知警方到場，這對男女才把門打開，當然，衣著整齊。

他們一起到了警察局。外面的男人自知無法抵賴，就簽了和解書，承認與女人有性行為，女人很冷靜，沒多說什麼，就是默默的坐在椅子上，看著她的主管與她的男人的鬧劇。男人沒有要告她，只是要她回家好好談一談。

「沒什麼好談的。」她冷冷的說。

男人驚訝得合不攏嘴，女人則是頭也不回的離開警局。

那天晚上，她沒有回家。

從此以後，女人像是斷了音訊一樣，連電話都不通。男人焦急的打電話回娘家，從他父親得到的答案就是，「她是你們家的人了，你自己想辦法。」

三個月後的半夜，台中那裡的醫院打電話來家裡。男人接起電話，已經是凌晨兩點多，醫院那裡說，他的太太竟然在台中服安眠藥自殺，一共服了將近二十顆，正在洗胃，可能有生命危險，請他立刻到場處理。

男人立刻從被窩裡起來，把孩子交給媽媽後，叫了計程車到台中去。這一路上，他滿是愧疚與憤怒，心想，她去哪裡了，為什麼要自殺？他握緊了拳頭，幾乎要捏出血來。

到了醫院，他看著虛弱的妻子，總算從險境中脫離。他只問她，要不要回家？女人點了點頭，帶著淚水，沾濕了枕頭。

她回家了，但是孩子跟她竟然不熟。畢竟這幾個月來，都是奶奶帶的，她看著孩子不願意讓她抱，婆婆對她還是有敵意，即便老公一再鼓勵她，她還是情緒不能穩定。況且，她就是個外遇的女人，在家族裡，這件丟人的醜事，流傳在竊竊私語裡、蜚短流長中。

回來一週後的某個晚上，她又再度自殺。這次是在家中，這次她用刀子劃了幾道深深的傷口，然後把手浸泡在熱水中，任鮮血染紅了信任。不過，孩子的哭聲驚醒了男人，他急忙把女人送到最近的醫院，她的臉孔已經扭曲的慘白，但是在醫師的全力搶救下，還是把她從鬼門關前救了回來。

這次，男人沉默了，看著她原本艷麗的面容已經扭曲成他不認識的樣子。他決定等她出院以後，要好好跟她談一談。

然而，他沒有等到她出院。兩天後，當他帶著豬肝湯去看她，醫院的工作人員說，她出院了。

再一次的不知所蹤。

男人決定提出離婚，他沒辦法承載這樣的壓力。

原本我以為，這是一場一造辯論判決的案件。所謂一造辯論判決，就是在民事訴訟中，當法院的開庭通知合法送達到當事人戶籍地以後，如果當事人拒絕出庭，法院將會依職權判斷，決定原告或被告勝訴。基本上，一造辯論判決並不一定永遠是沒出庭的那一方落敗，如果理由明顯不足，法院還是會依照職權判斷缺席方勝訴。只是說，一般而言，缺席方通常就是落敗方。既然是一造辯論判決，當然打起仗來格外輕鬆。

我們的訴求，就是希望兩造離婚，而孩子的親權交給我們行使。調解時，女方並沒有出席，直到法院開庭，她才意外的出現。

她，明顯瘦了許多。雖然還是艷麗如昔，但是眼神似乎很渙散。

我們的主張是，基於民法一〇五二條第一項的規定，我們認為女方已經與配偶以外之人發生性關係，因此婚姻基礎動搖；另外女方有三次自殺記錄，也對於婚姻造成極大破綻，男方當然得依民法一〇五二條第二項提出離婚。

女人默默的聽著我的「控訴」，她精神似乎不太能集中。但是還是勉強否定了男方的說法：「我沒有外遇，那天只是我跟我老闆到那裡聊天。」

我心中暗罵了一聲，「蓋棉被純聊天？」

「至於自殺，那是因為產後憂鬱，我先生沒有照顧我，所以我會想自殺。現在已經在治療當中，應該很快就會好。」她鎮定的說，就像是在分局一樣。

法官搖搖頭，因為他看了那個男人的悔過書。他問了女人：「這悔過書又是什麼？他怎麼會承認跟妳通姦？」

「我不知道。」她說。「說不定是因為當時有三個男人硬逼他簽字。」

我不想多說什麼，因為我突然心中有種疲倦的感覺，她就像是孤軍奮戰的大衛，要對抗法官、她先生、律師的歌利亞聯合軍。或者說，她就像是唐吉軻德，向不存在的風車、城堡與羊群下戰書。

沒有意外，法官判決我們勝訴。孩子的親權也歸由我們行使。我們大獲全勝，然而，她離去時的眼神，讓我不寒而慄，那是一種受傷、絕望的母獅子才會發出的怒吼。

我以為這樣就結束了。然而沒有，她上訴第二審，而且委任了律師。

她的律師其實非常謙恭有禮，她希望我們可以讓步，至少探視權的部分可以放鬆。

「律師，我不知道我要怎麼讓步，小孩就不想跟她過夜。」他無奈的說。

「你要想辦法，畢竟她是母親。」我說。

基本上，當夫妻決定離婚，小孩的親權行使人歸屬，就成為兩人爭奪的目標。誰取得了親權，理論上就擁有孩子的主要照護權利，也承擔相對的義務；另外則是探視權，擁有探視權的一方，原則上可以兩週把孩子帶回家過夜一天，寒假可以有七天、暑假可以有十四天的相處時間。這件案子，麻煩的地方在於，年幼的孩子對於親生母親，竟然不願意近身接觸。只要媽媽去探視，有奶奶在還好，只要看不到奶奶，孩子就開始大哭，怎麼騙也不行。

男人無奈的攤手，「我沒辦法，我媽又不可能跟她走。」

我沒有再說話，先打贏訴訟再說。

高院的法官希望兩方都能到法院來調解，畢竟離婚應該已成定局，現在是孩子要怎麼照顧的問題。如果能調解離婚，男方又能在探視權上讓步，對於兩方可能都好。第一次開庭以後，法官要求兩方律師，務必請當事人到庭。我們這裡當然沒問題，對方律師也同意轉達，請女方下次到庭。

三週後，我們早早就到，希望能夠在開庭前與女方調解出探視方案。

然而，開庭時間逐漸逼近，一直沒有看到女方出現。對方律師一直對我們說抱歉，我聳聳肩，「沒差，那就依法判決也可以。」

對方律師嘟囔著說，「昨天她還跟我通過電話，說今天一定到，是怎麼了？」

「如果她還沒控制好病情，說不定會因服用鎮定劑或安眠藥，而睡過頭。」我說。

事實上，以我和她先生了解她的程度，她一直還是有服用安眠藥的習慣。安眠藥的副作用之一，就是不定時甦醒，有時候真會讓服用者掌握不住睡眠時間。

她的律師沒說話，畢竟她很清楚，這場訴訟，她只能盡力而為。

法官一看女人沒來，皺了一下眉頭，「兩位律師，為什麼女方沒來？今天這樣就沒辦法調解了。」

對方律師一直向法官道歉，「我們真的已經盡力了，她答應過我們的。」

我補了一槍，「審判長，這就是我們擔心的地方，如果女方是這樣的個性，我們怎麼放心讓她把孩子帶回去。」

法官點點頭，沒有說話。書記官把我的話，一字一句的敲打在筆錄上。

辯論程序終結，三個星期後就會宣判。

「律師，以後我們要怎麼把孩子交給她？」男人憂心忡忡。

「想辦法啊！這是你做父親的責任，一定要讓他跟媽媽互動。」我說，「你們的恩怨，與孩子無關。他不是你們的財產。」

他沒再說話，但是叫住對方律師，「能不能請你幫我轉交一樣東西？我本來今天要親手交給她的。」

對方律師停住腳步，很好奇的看著一張對摺再對摺的衛生紙，上面的字跡，已然模糊。

「請你轉交給我的太太，我沒辦法完成那個承諾了。」他說。

我看著這一切，是該結束了。

律師點點頭，「我知道。我會交給她的。」

判決前一週。

我在辦公室，正準備要去開庭。電話響了，是男人打來的。

他的話語很慌亂，前言不對後語，但是大概是「她死了，這次是真的。」

聽到對造在離婚判決前死亡，我幾乎無法置信。

「怎麼死的？又是自殺？」我幾乎不能抑制自己的情緒，「是怎麼了？」

「是。她在租房子的地方，燒炭。」他的語氣非常簡短與黯然。「她爸爸說，死了兩天才發現，她的手邊是一張對摺的衛生紙，已經看不出來寫什麼。還有散落一地的筆錄。」

我有點暈眩。

「她爸說，她還是我們家的人，要我處理後事。我不知道該怎麼辦？」他說。

「那就處理吧，送她最後一程吧。」我也有氣無力的說。

「對摺再對摺，輕輕把夢也對摺。回憶我都收好了，淚水漸漸就會乾的。千紙鶴，飛走了，沿著銀河。悲歡再不能把你跟我離合，別把我分割。」在開庭前，我想著這首歌，想著這個人。

綠　光

她是天使！她來到這裡，是為了警告妳，
你們不適合在一起。

我坐在兩個人座位之間，氣氛詭譎，像是有和解的可能，爭論又像是一觸即發。

「一千萬。」我簡單的說。「我不會認為這是適當的數字，但是我認為這是你可以得到最好的數字。」

他沒有說話，只微微點點頭。

「你只要同意離婚，小孩監護權給我們，我們把房子賣掉以後，你就可以有一千萬元。」我繼續說。

「但是我要求，我可以繼續住在房子裡，直到房子賣掉為止。」他說。

我看了一下女方，女方稍稍的點了頭。

「好的，我會把離婚協議書寄送給你，如果一切沒問題，一星期後我們簽約。」我爽快的說。

他站起身來，頭也不回的走出會議室。

我忿忿不平的向她說，「妳根本沒必要給他這麼多錢。」

她嘆了口氣，「我累了。這些年來，我已經沒有力氣再爭些什麼。這間房子，是我僅存的最後財產，既然他要錢，我只有賣了給他一半。但是我想問你，為什麼法律會有這樣的規定？」

「這是因為法律考量到夫妻間總有人因為負責家務操勞，所以不能外出工作。這時候如果有一方在外辛苦打拚，一方在內主持家務，但是離婚時，為了家犧牲沒工作的人，什麼都分不到，恐怕不公平。所以法律設計了這樣的機制，希望可以讓沒有外出工作的人，也可以得到補償。」我說。

「你的話很有道理。」她認真的看著我，「但是，你們難道沒有想過，這個社會上，有一群女人一邊要努力上班看老闆臉色，一邊還是要辛苦的操持家務？而男人，只需要過他爽快的生活，而老婆離婚時，還得付他一大筆錢？」

我其實很想說，法律不是我訂的，我只是個塵世中的迷途小書僮而已。但是，這一時間很難說明白，我只好忍住不提。

我站起身來，「起碼事情解決了。恭喜妳，即將離婚。」但是我心中掠過一絲懷疑，因為兩個人幾乎無法對話，一句都不行，只能透過中間者來傳達，這在離婚訴訟中，其實並不多見。

她苦笑，「謝謝你。我真的等很久了。」

我聽得出來她的語氣很苦澀，想問怎麼了，但是總覺得既然對方已經同意離婚，而且不用訴訟，這總是好事，就不用問太多了。

一星期後，我收到一封電子郵件，是他寄來的。

「大律師，來信收到。但是我決定更改條件，出售房屋後的所得，扣除成本及貸款後，我覺得應該要拿百分之五十，而不是一千萬，而且售價要經過我同意。」

我看了這封電子郵件，覺得非常荒謬，不是談好了嗎？果然，所有的離婚協議，在入土為安登記前，都只是廢紙一張。我立刻約了女方來事務所，討論下一步應該怎麼做。

她似乎一點也不意外，只是問我，應該怎麼處理。

「妳想繼續談嗎？」我問。

「不想。」她乾脆的說，「我已經換過三個律師，他每次的答案都不一樣，但是金額一次比一次誇張。」

我點點頭，「那只有提出離婚的訴訟了。」

「我唯一的要求，只有不能讓我的孩子上法院，我不想要讓他面對法官。如果要如此，我寧願放棄監護權。」她說。

「我懂。父母離婚，要孩子上法院證明誰比較好，過於殘忍。」我同意她的說法。「但是，我想聽妳的故事，到底妳跟他，發生了什麼事情？」

「沒什麼。總之我們之間不適合，事實上，我們已經分居五年了，他住我買的房子，我回去娘家住，我有兩個男生，老大已經大學畢業，老二目前跟我住，你就以分居五年為理由提告就可以了。」

「這不行。」我簡單的回應，「如果是你們兩人同意的分居，那就不會是離婚的法定理由。況且離開家裡的是妳，而不是妳先生。」

「那麼應該怎麼辦？」她憂心的說，「先前就是因為這樣，所以我一直不願意提出離婚。」

「我只能以民法一〇五二條第二項試試看，這項規定主要在於夫妻兩人已經無法共同生活，婚姻之間有太大的破綻，而且主要破綻的原因不在原告，也就是妳這裡的時候，或許有機會成功。」我說。

她點頭，「那就拜託你了。」

「但是我總覺得妳有些事情還沒告訴我。」我正視她，我直覺認為，她並沒有跟我說實話。

「你不要問了！」她突然轉過頭去，然後站起身來，不說再見就離開。

我聳聳肩，看來這對夫妻都不習慣說再見。

幾天後，我完成起訴狀，希望她過來討論一下。我總覺得，以分居這樣的說法，很難說服法官，況且夫妻間沒有或鮮少有性生活，到了四十歲以後，是經常發生的事情，如果以這樣的理由提出離婚，男方只要堅決抵抗，不見得會獲得勝訴。

「就這樣吧！」她看完訴狀，並沒有要求增加或修改任何內容。

「妳到底有什麼事情瞞著我？」我問，「妳這麼堅決希望離婚，而且你們的互動幾乎冰冷，一定有特別的事情存在於你們之間。」

「你很特別。」她冷笑，「你一定要挖人隱私就是了？」

「對我而言，我是妳的代理人，我有權利要求知道所有的事情。」我堅持，「不然我拒絕接受委任。」

「好。」她像是下定決心，「你要知道，我就告訴你。我曾經有個孩子。」

我挑了一下眉頭，沒有說話。

「五年前，我跟他有個女孩，這是第三胎了。當時我的工作非常辛苦，而他沒有任何工作，只是沉迷於他的創業計畫，而且已經欠了一堆債。我以為他會很開心，但是他竟然要我把孩子拿掉。我當時嚇傻了，只想問他，理由是什麼？」他自顧自的說，「但是，他只跟我說，車子太小，坐不了第三個孩子。我懷疑我聽錯了，再問他一次，他改口說，因為經濟狀況沒這麼好，所以他不想要。」

「我好幾次下跪求他，希望他可以讓孩子生下來，但是他還是拒絕。最後甚至把他的爸媽叫來，當著我的面說，離婚或是孩子，讓我選擇。我當時還愛著他，在他們三人的壓力下，我做了這輩子最後悔的事情，就是把這個女孩拿掉。」

「我記得，當天他沒有陪我去診所。我一個人躺在冰冷的床上，施打全身麻醉。我在模糊間，突然看到這個女兒，笑吟吟的也在看著我。我記得的最後一句話是，我大聲嘶喊，『我不要這段婚姻了，我要女兒！讓我走！』醒來的時候，孩子已經不見了。」

「從此之後，我沒辦法面對他，沒辦法跟他說話。看到他，我就像是得了失語症，你要我怎麼跟他繼續相處？」她平靜的態度讓我顫慄，「那是一種極致的無力感，就像是你最信任的人插你一刀之後，看著你汩汩的流血，然後冷漠的揚長而去。我沒辦法再愛他。」

我默默的點頭，「我知道了，我一毛都不會想給他。」

她有點驚訝，「你要怎麼做？」

我要她去做幾件事情，等到這些事情辦好以後，訴狀才毫不修改的出去了。

可想而知，那個男人接到起訴狀時的反應，暴跳如雷都不足以形容他的感受。不過，我們還是得在法院的調解室見面，因為離婚事件必須先強制調解。

「大律師，你根本耍我，為什麼會提出離婚訴訟？」他憤怒異常。

「因為你修改條件。我們原本談好的內容是一千萬，但是你現在竟然改變訴求，我不能接受。」我冷靜的回答。

她坐在旁邊，雙手環抱胸前，一句話也沒說，同樣的冷漠。

「那麼，你們現在希望怎麼樣？」他問。

「離婚，無條件的。」我說。

「不可能，如果這樣我不可能同意離婚。」他搖搖頭。

「不然這樣，我們把財產權的爭議挪到後面。我們先決定離婚，因為夫妻剩餘財產分配，也必須等離婚以後才能請求。你也不想這麼耗下去吧？」我問。

在法院的調解中，夫妻可以隨時決定要不要簽字離婚。一旦兩造同意簽字，任一方就可以拿著調解筆錄，直接到戶政事務所登記離婚，與確定判決是一樣的效力。

他沉吟了一下。

「況且，你不是想分財產？如果不離婚，怎麼請求剩餘財產的分配？不然，女方的意思就是要跟你耗。」我說。

「我最近確實手頭很緊，不然我不會同意這樣做。」他終於鬆口，同意離婚，而且爽快的在調解筆錄上簽名。

「那麼，監護權與財產的部分就往後再由法院判定。」我們起身離開調解室。

「我不在乎監護權！」他不耐煩的說，「婚姻這麼多年，我只在乎我『應得』的那部分！」

「什麼是『應得的』？」我本來想問他這句話，但沒有說出口，只是在剎那間，我短暫的迷惑了。

幾週後開庭，法官要我們提出雙方的財產清冊。當然，重點在房子。

「我們沒有房子。」我說，「房子在孩子手上。我們早就已經把房子贈與給長子，贈與稅也繳了。」

「這不公平！根據民法一〇三〇條之三規定，離婚前五年處分財產，這些財產還是要納入剩餘財產分配的範圍！」對方的律師起身。

「但是後半段提到，為履行道德上義務的相當贈與不在此限。」我反擊回去。「房子贈與給孩子，是為了他要出國留學可以設定抵押借貸，我們也依法繳了贈與稅，不應該納入分配範圍。這就是道德上義務的贈與！」

接著我把這二十年來，家庭所有開銷的支付列上清單。「貸款我們付、出國旅遊我們付、水電、管理費我們付、孩子學費我們付。」

「他賺的錢只要用來養活自己就好，外面積欠一百多萬卡債。回家我們還要洗衣服、煮飯、家裡打掃，然後財產要分他一半？你們倒是可以看看一〇三〇條之一第二項，這部分到底有沒有顯失公平?」

他終於沉默了。

「妳到現在還是不能釋懷嗎?對於那個小女孩?」我問。

「其實我還是覺得,這個孩子應該到我身邊來。」她眼眶又紅了。

「不是的,她是天使!她來到這裡,是為了警告妳,你們不適合在一起。」我真心的說。

「沒有她,我從來沒有想過要跟我前夫分開。而今,我終於可以放心的跟她說再見。」她說。

空氣裡像是充斥著溫暖的光,我輕拍了一下她的手。

口不對心

這場訴訟沒有想像中容易，
男人似乎有備而來……

她的外表看起來還是很年輕，很難想像她已經結婚將近十年。

「結婚無效？」我皺眉頭，「妳先生認為你們當時的結婚儀式不存在？」

在民國九十七年以前，結婚採取的方式，我們稱之為「儀式婚」。所謂儀式婚的意思，就是只要有公開儀式，以及兩人以上的證人，婚姻就會生效，不需要到戶政事務所登記。即便登記，只要沒有進行公開儀式，這樣的婚姻仍然是無效的。直到九十七年以後，我國改採登記婚，也就是婚姻生效，不再以公開儀式為要件，而是以登記為準。

過去的儀式婚，有很多問題，光是「公開儀式」就會搞死一堆人。舉例來說，辦桌請客，或許是公開儀式，但是只有兩桌，而且把門關起來宴客，這樣算不算公開儀式？在家請客算不算？在飯店請客但是只有一桌，又算不算儀式？種種問題，讓立法院終於決定，在九十六年五月修改民法，從九十七年起生效，婚姻改採登記為要件，如果沒登記，任憑什麼儀式都沒有用。

這對夫妻，是在九十七年以前結婚，生效要件就是儀式婚。

「妳怎麼跟他認識的？」我問。

「我之前在酒店上班，他認識我以後，就展開瘋狂追求，沒多久以後，我懷孕了，兩個人就決定結婚。」

「很典型的故事。」我點點頭，「但是，他為什麼會提出婚姻無效，而不是離婚？」

「這就是理由。」她把兩邊的財產所得清單放到桌上，從結婚以後到現在，女方的財產幾乎沒有變化，但是男方一路從小公司的老闆，成長為一家上櫃公司的董事，以股票計算，大概身家至少數億以上。

「如果離婚，女方聲請剩餘財產分配，大概可以取得一億元以上，但如果是婚姻無效，代表這十年都是一場空。」我心領神會的說。

「我不能讓這場婚姻一場空，是他外遇，我要他付出代價。而且，我要小孩！」她咬牙切齒的說。

這場訴訟沒有想像中容易，男人似乎有備而來，提出在飯店的訂位物證。

「這什麼飯店！竟然保留了十年的單據，上面寫著『文定之喜』。」我不甘心的說。文定，當然是訂婚。男方試圖要證明，兩造根本沒有結婚儀式，只有訂婚儀式。所以所謂的公開儀式，根本就是訂婚而已。

「當時我並不清楚這到底是訂婚還是結婚，我以為是一起的！而且當時根本就沒有講清楚。」她看了以後氣急敗壞。

「那麼，有誰可以證明你們當時確實是結婚，而不只是訂婚？」我問。

「我媽，還有幾個朋友。」她說。「可是媽媽不是不能出來作證嗎？」

「媽媽當然可以作證，只是因為她跟妳之間有親屬關係，將來法官在認定證詞的可信度之時，可能會稍微打點折扣。」我說。「沒關係，請妳母親講實話就好，我們也可以傳喚妳的朋友當證人，補強妳母親的證詞。」

開庭當天，她帶著母親一起來。我要她母親據實陳述，否則會有偽證罪的問題。

「律師，為了我女兒的幸福，被關我也不怕。」母親理直氣壯的說。

「不是啦！妳只要據實說，不會被關的。」我急忙說，但是心中有股不祥的預感。

法官在簡單問過母親的基本資料以後，她直接發問，「請問證人，當天的情況是如何？」

「就兩個人決定要結婚，叫我去當主婚人！」媽媽很快的回答。

「可是根據飯店提供的資料，他們是要文定，而不是結婚。為什麼妳認為是結婚？」法官皺起眉頭。

「事實上就是結婚，我不懂什麼文定結婚的，就是一起吧。」媽媽口氣有點遲疑了。

法官問，「妳都已經五十幾歲了，該不會分不清楚文定與結婚有沒有一起吧？」

「我很清楚，就是一起。我還記得我的胸前有一個主婚人的胸花，怎麼可能沒有結婚！」媽媽大聲的說。

我看見對方律師正在找照片，大概知道大事不妙。

「審判長，請提示這幾張照片。」對方律師立刻把照片拿出來。

法官示意先拿給他看，然後提示給媽媽，「這幾張照片是妳？為什麼沒有任何妳所謂的胸花？」

媽媽啞口無言，「我忘記了，我也不知道。」

我看著這個愛女心切的媽媽，一切被她搞砸了。

法官臉色鐵青，「妳到底記得什麼？我必須要告訴證人，雖然妳是母親，不用具結擔任證人，但是妳說的話不能偏袒妳女兒，不然我還是可以對妳處以罰鍰。」

媽媽沒有說話。法官問我，還有沒有問題要詢問，我搖搖頭。

我還有兩個證人，是我方的姊妹淘，她們當天擔任所謂的「伴娘」，或許還有機會扳回一城。

「審判長，這一切都是因為原告有外遇，所以現在才會想提出婚姻無效。」

法官看了一下我們，「看起來你們已經分房幾年了，你們有想提出離婚的訴訟嗎？」

女方立刻回答，「好。我們願意。」

他看看男方，「你們願意調解離婚嗎？」

「我不願意。我們之間根本就沒有婚姻，為什麼要離婚？」他也非常堅決。

「我知道你們在想什麼，兩個人都很在乎財產分配的問題。」他嘆了一口氣，「等等兩位律師與當事人不要急著走，等我開完下一個的庭以後，通通到調解室來，我跟你們好好談談。」法官說。

我還是第一次遇到法官竟然願意親自在庭後調解，當事人求救般的看著我，想要問我的意見。

「我們同意。」我說。

對方的律師有點遲疑，但是還是點頭。

我們走出法庭，女生問我，「你為什麼要接受法官調解？」

「你覺得我們有勝算嗎？」我問。「對方有人證、物證以證明是文定；而我們今天的證人卻又講得亂七八糟，硬拚一定會輸。妳聽過投降輸一半吧？」

「那怎麼辦？我老公很堅持，一定要拿到監護權。」她焦急的說。

「監護權？」我揚起眉頭，「我以為妳不在乎。」

「我當然在乎，她是我的女兒，我怎麼會不在乎？」她說。

我不置可否，「那麼我們就等調解吧。」

等待的時間很漫長，我大概跟她聊了一下女兒的狀況。目前孩子只有六歲，從小就住在父親的豪宅。平常父親大概都沒空照顧，都是由母親與奶奶負責孩子的一切，聽起來，因為父親沒空，我們像是穩操勝算。

「律師，父親都沒空照顧孩子，只能拿錢回家。我應該比較有機會取得孩子的監護權？」她問。

我苦笑，「那可不一定。就像是我。如果我有小孩，表面上看，我只有錢，沒有人，是很糟糕的父親，應該拿不到監護權。但是，如果孩子一直住在我家，我又有媽媽或姊妹可以照顧孩子，那就不一定了。這就叫做安定性原則。」

所謂安定性原則，就是孩子的環境盡量不要變動，維持現狀對於孩子的衝擊最小。這一點對於母親其實相當不利，因為兩造離婚，大部分都是女方搬走，安定性原則的考量下，女方怎麼取得監護權？

「這樣聽起來我不是就毫無機會？」她一聽急了。

「法院判斷監護權的原則很多。另外還有一個標準稱之為『幼年從母原則』。如果孩子年紀還小，就比較有可能裁定讓母親當監護人。不過，一切都只是參考，也只會在法官的腦海裡形成心證，我們這種凡夫俗子，不容易參透。」我說。

法官終於忙完，那時已經是快下班的時候，他與書記官對我們招手，希望我們到調解室。

「辛苦的一天，不是嗎？」他笑著說。

我確實很佩服家事庭的法官，因為必須要很有耐性。開完一次庭，聽完一世情，這簡直就是高難度。

「我想，你們現在這個樣子，再復合應該很難了，有考慮乾脆離婚嗎？」法官問。

「這婚姻是無效的，我們根本沒有公開儀式。」男方律師說。

「好了。既然是調解，這裡完全沒有記錄，不用在這裡講法律。要講，剛剛我們在法庭上就可以講了。」法官說，「我要你們來這裡，是希望你們思考各退一步的可能性。」

我沒有說話。

「你們在意的不就是錢的問題？這樣吧！我把孩子給女方，然後你們離婚，女方同意放棄剩餘財產分配請求，如何？」法官提出了這個建議。

男女雙方都異口同聲說，「我不同意。」

「那你們各自說說不同意的點讓我參考？」法官問。

「我們本來就婚姻不成立，為什麼要離婚？況且我比較有資格帶小孩，小孩從小到大在我這裡已經很適應了，如果帶走，女方有辦法負擔她現在公主一樣的生活嗎？」

「他根本就是想要規避夫妻財產的分配！平常小孩都是我帶，他唯一做的事情就是應酬，為什麼監護權不給我？」

我們雙方律師都想說話，但法官示意要我們不要插嘴。

「那麼如果我把孩子的監護權給男方，讓女方主張剩餘財產分配，你們同意嗎？」

男方有些遲疑，女方點頭。

「不是這樣兒戲的吧？」男方向法官抱怨。「不是應該要依法裁判嗎？」

法官微笑，「我講過了，這只是在調解，現在你們所做的決定，如果沒有共同結論，我都不會列入記錄。」

「我要考慮一下。」男方沒有立刻答應。

「那麼如果我把孩子的監護權給女方，女方不能主張剩餘財產分配，你們同意嗎？」法官再問。

我開始覺得這個法官有意思了。

「我不要！除非他扶養費給得高。」女方立刻回應。

「我也不要！我寧願給她財產！」男方急著說。

法官收起剛剛的笑容，正色對他們說，「所以，女方要的是錢，男方要的是孩子，這樣已經很清楚了。我給你們最後一次建議，孩子的監護權給父親，但是父親可以分期給付母親每個月的租金補貼，讓她還是住在你們家附近，方便看孩子。如果你們不要，那麼我就依法處理，如何？」

「補貼多少？」女方有點動搖了。

「就一個月十萬元，給到妳再嫁為止。」男方乾脆的說。

「你們看，就男方的總財產來看，幾乎都是股票，分到股票，對女方而言並沒有好處，但如果男方一年可以給女方一百二十萬元，也有一定的數目；女方還是可以定期看到孩子，而男方不必擔心財產分配的問題。」法官自顧自的說。

我們兩位律師，看著這件案子，竟然就這麼調解成功，面面相覷，非常敬佩法官的能力。

最後，他們在調解筆錄上簽字，結束將近十年的「婚姻」，或者說，疑似曾經存在過的婚姻。

一個人說在意錢，最後得到了孩子；一個人說在意孩子，最後得到了錢。沒有愛的婚姻，大概也就只能口不對心而已了。

幸福的味道

最讓她遺憾與傷心的地方，
可能就是你拒絕她進入你跌倒的世界。

「你最近怎麼都忙到這麼晚？」她問。

「沒有啊，公司最近比較忙，畢竟要人事考核。」他有些不耐煩。

「既然都在加班，那麼，我們該來談談生活費。」她拿出婚前協議書，「要跟我結婚的時候，你說願意一個月拿出兩萬元補貼家用，前幾年都沒有問題，但現在到底是怎麼回事？」

他臉色鐵青，「我不想談這件事。」

「你不可以這樣對我！」她堅持要把話說清楚。

他甩上門，自顧自的去睡覺。

隔了幾天，趁他沒有應酬，早點回家時，她又跟他提了一次，「你每天都這麼忙，但是我根本就沒有看到你的薪水增加。你為公司貢獻了二十年，就算從結婚後算，也已經十年，我到底得到什麼？」

「妳不要再說了，我不想談。」他再度強硬的表示。

「不管，你今天要說清楚。」她也認真了起來。

他憤怒的把桌上的所有碗盤掃了一地，惡狠狠的看著她，「就是沒有錢，不然要怎麼辦？」

她嚇傻了，結婚這麼多年來，從沒想到會變成這樣，他竟然對她動手施暴。

她決定訴請離婚。

我看著這個略帶緊張的女士，努力的嘗試要讓她放鬆心情。

「要男人拿錢回家，就像是要夜市攤販開電子發票一樣的困難。」我說。

「什麼？」她一臉不解。

「沒事，我只是覺得，這麼多年來，他都有履行婚前協議書，也算是難能可貴了。」我說，「婚前當公主，婚後當宮女的例子太多了。」

「可是，他最近非常奇怪，不但不給家用，這幾個月來，他還特別晚回家。我講了他幾句，竟然就對我家暴！」她說著說著，掉下了眼淚。

「依法來說，妳是可以按婚前協議書，請求他履行協議。況且，法律上也有自由處分金的約定，既然妳在家操持家務，他在外工作，是可以請求他給付適當的處分金。」我說，「不過，為了這兩萬元而離婚，法院可能不會同意這樣的訴求。」

「他打我！結婚這麼多年來，他第一次打我！」她驚恐的說。

「他怎麼打妳？」我問。

「他把所有看得到的東西都往地上摔，有東西打到我！」她說，「這不也是一種家庭暴力？」

「是。」我苦笑，「不過他應該不是故意的。只是說，脾氣來就會亂扔東西的行為，確實也不好，是構成家庭暴力沒錯。如果你真的很擔心暴力的問題，那麼你就先搬出去吧。」事實上，所謂的家暴行為，並非只限於直接毆打對造。只要是以言語、行為，讓家人感受到生命、身體、名譽上的威脅，都可以稱為家庭暴力。而暴力，是會一再重複的。

她點點頭。

「這段時間，妳就忍耐點，開庭的時候再說了。一旦提出離婚訴訟，法院會先安排調解，到時候我們再來看看，妳先生是否願意讓步。」

調解當天，她先生並沒有出現。我和她在調解室外等了一陣子後，只能放棄，在調解單上簽名，由調解委員把這個案件往後送到法院處理。

「他應該不會不來的，到底怎麼了？」她很疑惑。「該不會發生意外了！」

「妳先別急，要不要我陪你一起回家去看看他？」我主動提出了這個要求，畢竟她很擔心會不會真的有狀況發生。

「好的。」她點點頭，看起來似乎很焦慮。

我們到了家外面，那是一間舊小的公寓，因為沒有孩子，就他們夫妻一起住，倒應該也是足夠。

我小心翼翼的推開門，一股腐臭味撲鼻而來。觸目所見，原本乾淨的家，現在堆滿了垃圾。泡麵的塑膠空碗，就這麼堆在桌上；亂七八糟的衣服，已經找不到任何一件乾淨的。吃剩的外食，在地上發餿，腐臭味就是從這裡來的。

人呢？沒看到。

「應該是沒事。我想他應該在上班。」我鬆了一口氣。

她倒是沒有放鬆的表情，「唉！這個家變成什麼樣子？我不過就是離開幾個星期。」

「這星期之間，妳先生都沒有跟你聯絡？」我問，不小心還踩到地上的飲料罐。

「沒有。」她疑惑的說，「我也很好奇，他怎麼都不求我回去？」

「好吧，在開庭前還有點時間，我幫妳跟他聯絡，或許還有轉圜的餘地。」我說，「其實，你們可以談談看的。」

「他對我動手，真的傷了我的心。」她說。

回到事務所，我先撥了她先生的手機，沒通。我只好再撥電話到他公司，結果，答案出乎我意料。

他，早就被開除了。

我嘗試再打電話給他，都沒有接通。但是一個小時後，他回撥了，聲音非常的疲憊。

「你是我太太的律師？」他問。

「是，我可以跟你聊聊嗎？」我問。

「我現在正在上班，沒辦法跟你聊。有事快說，我不會同意離婚的。」他很快的回應。

「我知道。所以我想晚上跟你見面可以嗎？」我小心翼翼的問。

他愣了一下，「可以啊！」

我們坐在咖啡店內，他的身上穿著顯然已經老舊的西裝，竟然還有公事包在身旁。

「公司開除你多久了？」我單刀直入的問。

「三個月了。」他低頭，摸著脫線的西裝內裡。「我一直不敢跟我太太說。」

「為什麼？」我問。

他突然生氣，「為什麼？你是問我為什麼被開除？還是問我為什麼不敢跟我太太說？我告訴你，在同一家公司工作二十年，我一直以為我可以就這樣做到退休。問題是，我年紀慢慢大了，年輕小夥子一個一個跟上來。我以前會的，他們只要用網路就可以把我幹掉。現在年輕人，打字又快、又會做報表、會什麼 google 一下，而我，只是過時的經理，什麼都不懂。公司業務緊縮，第一個就是拿我開刀。我很努力去學習，可是我就是沒辦法這麼快的吸收這些新技巧。年資比我淺的，爬到我上面來，我也很認分，做我應該做的事情。但是，我就像是一雙被磨壞的皮鞋，公司不要我了，我還能去哪裡？」

我看著他，任由他宣洩出對於這個社會的無力感。

「你是大律師，你怎麼能體會我們這種中年失業人的痛苦？工作二十年，經濟環境變化這麼大，我就是笨，沒辦法想很多，只能跟著以前前輩教我的方式做。好，這是我的錯，就像是被溫水煮熟的青蛙，已經沒辦法跳了。公司說不要我就不要我，你覺得我該怎麼辦？換工作，我又沒這個本事，連應徵保全，人家都嫌我太老不用我。你們這種上流社會的人，怎麼能體會我們找不到工作的痛苦？」

我還是沒有說話，靜靜的看著他，現在說什麼都沒有用。

「我假裝我在上班，然後一邊找工作，因為我不想讓她擔心。我希望找到新工作之後，再告訴她換工作的事情，這陣子我才會沒辦法給她錢，我保留這最後的尊嚴，難道錯了嗎？」他說，口氣越來越弱。

「你當然有錯。在你眼裡，尊嚴勝過於互信。」我嚴厲的說，「你可以跟她說清楚，我想她不會在意你失業。」

「不。」他搖搖頭，「她會擔心，我不想讓她擔心。」

「可是，婚姻裡不就是互相照顧扶持？你拒絕她的擔心，其實不就是否定她對你的愛？你用這樣的方式一直把她排除在外，根本沒讓她進入你心裡。這不是對等的感情。」我嘆口氣，「最讓她遺憾與傷心的地方，可能就是你拒絕她進入你跌倒的世界。」

「你可以讓她回來嗎？」他有點尷尬的求我。「我這一陣子好難過。」

「打電話給她吧！」我說，「她非常在意你，離婚，對她而言，只是手段，不是目的。」

他點點頭。

事情就這麼結束了嗎？當然不行，因為公司拒絕給他遣散費，我們決定要向公司要回應有的公道。

公司是根據勞動基準法第十二條的規定，終止公司與他的勞動契約。所謂的第十二條規定，就是公司可以不經預告期間，直接開除員工，而且不需要給遣散費。而他，竟然連公司為什麼開除他都不知道，離職事由只有，「違反工作規則，情節重大。」

「公司說你違反工作規則，究竟是什麼？」我問他。

他低頭思索，想了很久，「我真的不知道。我以為公司叫我走，我就得走。」

「你明天去找你的主管，帶著錄音筆去，瞭解你究竟違反哪一條工作規則。」我說。

幾天後，他回來找我。

「我果然有違反工作規則。主管說，我經常穿著公司的制服在外面抽菸，被總經理看到，他認為我有損公司形象。主管還把工作規則念給我聽，上面確實有這條規定。」他沮喪的說。

「很好，我們訴訟吧！」我輕描淡寫的說。

「律師，我確實有違反工作規則，這樣怎麼會贏？」他問。

「這個條文有特別規定，違反工作規則必須要情節重大。又不是殺人放火，哪來的情節重大？」我笑了。

公司很快的就收到這裡寄出的存證信函，要求確認僱傭關係存在。我們跟公司法務談過以後，他們決定讓步，用優退的方式，讓他取得相當比例的退休金。

聽他太太說，他一直想要親自來謝謝我，只是因為他用公司所給的退休金，新開了一家咖哩快餐店，現在每天忙得很有成就感，當然也沒空來找我。但是，他還是交給了他太太十幾個便當，一定要我親自試試看。

「咖哩的味道，如果沒有融合到飯裡，那麼就不是咖哩飯了。」我說。

婚姻不也是如此嗎？

我也會愛上別人的

對於相愛的夫妻來說，一輩子就是一下子；
但是對於冷漠的夫妻，一下子就是一輩子。

這位女士看起來年紀已經很大，但是行動倒還是挺俐落的。我很好奇，她為什麼要提出離婚的要求，難道是先前媒體報導，有九十歲的媽媽提離婚訴訟，她也來趕流行？

當冷漠已經成為事實，離婚就是一種義務？

「為什麼要提出離婚？」我問，開宗明義，所有的離婚訴訟，都得從我的「面試」開始。

「我們分居已經有三十年了，我希望可以離婚。」她簡短的回答。

她看起來，約莫七十歲。三十年，好漫長的時間。誰說時間是最好的魔術師？一個人綁在婚姻裡，即使三十年，抹去感情，也抹不去婚姻的魔咒。

「為什麼分居？」我追問。

她遲疑了一下，「沒有為什麼，就是不適合在一起。」

我聳聳肩，這種說法大概等於沒說，就像是最糟糕也最實際的離婚理由，大概就是「個性不合」，用翻譯米糕來看，應該是「不愛了。」問題是，法律不處理這一塊領域，不愛了，只要一方不放手，往往處處是地雷，不見得可以順利讓法官青睞，用判決放自己一條生路。

「分居一年，誰離開誰倒楣。分居三十年，誰不離開誰笨蛋。」我向來是相信這句話的，所以我點點頭沒有繼續追問。

「那麼是誰推薦妳來找我的？」我順口問了她這句話。

「我的女兒，她有看你的臉書，所以給了我電話要我來找你。不過她沒辦法陪我來，因為她正在紐約做藝術工作。」她有點不好意思的說。

這是我第一次聽到她的女兒。

「你會愛我多久？一輩子。一輩子是多久？一下子。」

這句話出現在辛曉琪的〈我也會愛上別人的〉MV中，對於相愛的夫妻來說，一輩子就是一下子；但是對於冷漠的夫妻，一下子就是一輩子。對於這位當事人來說，三十年，就是結結實實的三十年，想想她最精華的年紀，就這麼過去了。徒留婚姻的桎梏，卻沒有先生的陪伴。

由於離婚屬於強制調解，法院很快的召開調解庭，由調解委員負責兩造的調解，如果兩造都有意願離婚，那麼調解筆錄就可以直接作為登記離婚使用；但是如果調解不成立，那麼就會往後移送給法院審理。本件只有單純的離婚，沒有婚後財產分配，也沒有監護權的爭奪，預料應該可以很快結束。

很意外，男方並沒有找任何律師陪伴，一個人孤伶伶的坐在調解室裡。

調解委員簡單告知雙方的權利以後，請女士先發言。

「我要離婚，結束這種荒謬的婚姻關係。」她堅決的說。然後呢？沒了。她閉緊嘴巴，什麼也不願多說，彷彿多花一點時間在他身上，都是浪費。

男方白髮蒼蒼，看來比實際年齡大，臉上歲月的刻痕，顯示出這些年他過得也不好。

「我不願意離婚，我們分居是因為她有外遇。」他平淡的說。

聽到這句話，彷彿是優雅的京都遭到盟軍空襲。當然，是我方被空襲。

我看了女士一眼，似乎在責怪她為什麼沒跟我提到這件事。

「我有外遇？三十幾年了，你還是一樣。」她幽幽的嘆了一口氣，「要有外遇，我不需要等三十年才跟你提離婚。」

「那麼我們女兒，不！妳的女兒，到底是跟誰生的？」他不斷搖頭，情緒隨著白髮，似乎有些波動。

「當然是跟你，我們唯一的女兒。」她冷靜的說。

「不可能！她長得根本就不像我！是妳跟妳的日文老師生的！」波動的情緒，似乎開始隆隆作響。

「我跟他沒什麼，你不要亂說。」她說，臉上有些紅暈，就像是三十年前那個時候。

「妳就是這樣！否認有什麼用？這個女孩就是像他！」他的醋勁一發不可收拾。

「多說無用。反正你不會相信，那麼我們請法官來決定吧。」她的情緒一點都沒有受影響，活脫像是激動的俞慕槐，遇上平靜的楊羽裳，質問她歐世澈究竟是誰。

他忿忿不平的站起身來，頭也不回的離開。

「他就是這個脾氣。三十年了，一點也沒變。」她又嘆了一口氣。

「妳有外遇？」我問，在事務所的辦公室。

「你知道我為什麼要提出離婚嗎？」她突然問我這句話。

這不是我先前問過她的問題嗎？答案不就是「個性不合」？

「不是個性不合？」我小心翼翼的問。

「也是，也不是。」她說，「個性不合，是因為他的醋勁太大。但是他的醋勁，就是來自於他懷疑我有外遇。」

「三十幾年前，我開始學日文。那個老師剛從日本留學回來，我們經常會一起吃飯，但是我從來沒對他動過情。在我心裡，他就是一個好人而已。雖然我先生一直懷疑我，但是在我心中，我只有一個先生，不是老師（せんせい）。」她的語氣，就像是在說別人的故事。

「那麼吵架也就過了，何必這樣呢？」我問。這三十年的陳年老醋，看來並不好喝。

「因為我們有了孩子，但是他一點都不開心，而且孩子出生以後，只要是他照顧，孩子就會有不明的傷痕。」她說。「後來，孩子三、四歲以後，我發現這樣不行，只好把她帶走，到我哥家裡住，他竟然也不攔阻我。我們就這麼分居了三十年。」

「女兒長大、談戀愛、出國，他沒有在乎過。我就像是單親媽媽一樣，努力把她養大，而他，就像是從空氣中蒸發一樣，再也沒有出現在我們母女的生活中。」她自顧自的說，就像是在獨白。

有些時候，命運很有趣。台北就這麼小，而一家人卻總是碰不到一起。

「是什麼原因讓妳決定要提告？」我問。「總有個決定性的因素吧？」

「是女兒。」她說，「幾個月前，女兒回來家裡探望阿嬤。他媽媽竟然對孫女說，她的親生父親不是他。女兒是哭著跟我道別回紐約的。」

「他可以傷害我，但是不應該這麼傷害女兒。三十年了，他到底想怎麼樣？」

我點點頭，似乎可以理解，她平靜外表下，內心糾結的那股氛圍。

「女兒還會回來嗎？」我問。

「她說，不會了。她出國前說，她沒有爸爸，但是也從來沒有媽媽。她想留在紐約工作，不想回來台灣了。她在台灣，『無親無故』。」後面四個字，她特別加強語氣，聽得出裡面的悲哀。

我花了很久的時間，想要在臉書上找出這個女孩，然而好友將近五千人，追蹤者有六萬多人，怎麼找？唯一的線索，大概就是她說，「曾經在臉書上發過訊息給我。」見鬼了，發訊息給我過的人，每天動輒數十則，我要怎麼篩選？

花了一點時間，在茫茫訊海中，總算找出這則「詢問母親離婚」的訊息。

那天，我們聊了很久。

一個月後，我們再度在法院見面。老先生還是只有一個人，永遠是孤伶伶的。我陪她坐在原告席次上，她還是一貫的沒有情緒。

「關於『兩造已經分居三十年，而且沒有任何接觸』的事實，雙方有沒有意見？」法官問。

「沒意見。但是我們想聲請證人，也就是原告的女兒出庭作證。」我突然出聲。女人轉過頭看著我，非常驚訝，而男人幾乎想站起身來反對。

「那麼需要下次庭期再詢問證人嗎？」法官似乎也有點納悶，怎麼會突然提出證人？

「不用。證人從紐約回來，現在就在法庭外。」我乾脆的說。

「你怎麼沒跟我說？」她低聲的問我。

「因為我不想要她受到你們的影響，而且她想當面問她父親一些問題。」我也小聲回應。

「那麼請證人入席。」法官簡短的說。

家事法庭的大門打開，一個打扮清秀的女孩進來。

法官簡單的核對證人的身分證件，就把她丟給我。

「我其實也不知道你想問什麼，不過你就發問吧！」法官對我說。

「請問證人，妳什麼時候開始知道父親對妳的態度？」我問。

「四歲。那一年，我開始記得爸爸以前就會偷偷打我。」她說，眼眶開始泛紅。

「為什麼爸爸會打妳？」我問。

「因為他不喜歡我。我一直記得他說過一句話，我是野孩子。以前不懂，直到今年才懂。」

「為什麼今年才懂？」我問。

「因為今年，阿嬤才告訴我，我不是父親生的。」她沒有哭，但是眼淚不斷的滴在桌上。我注意到隔壁的媽媽，她閉上眼睛，沒有表情。

「她胡說！」白髮老先生突然站起來，「妳是我生的，當然是我生的。」

「爸！那你為什麼跟阿嬤這麼說？」她問。

「唉，就是。唉。」他急得說不出話來。

「吃醋嗎？」女兒冷笑，「你是吃醋，但是我的童年就像是喝硫酸。」

媽媽張開眼，「別怪妳爸了，他就是這樣。」

「是。妳也一樣。你們有考慮過我嗎？一個為了吃醋，把我當外人，一個為了逃避，把我當路人。妳，花了多少時間關心我？」她轉向母親。

我與法官，都沒有說話，因為我們都是局外人，這時候沉默是最好的。

「不是這樣的。」她說，但是語氣很軟弱。

「我再問你們一次，你們。」她看著他們，「你們還想在一起嗎？」

她搖搖頭，他沒說話。

「你們離婚吧！」她站起身來。「但是，我永遠是你們的女兒，真的。」

母親終於崩潰，趴在桌上開始哭泣。

大
藝術家

他看起來確實很像個藝術家，
即使憤怒的太太就坐在他對面，他依然蠻不在乎。

她看起來氣質優雅，落落大方，是個幹練的高階主管。從大學畢業以後，她就到法國念書，一路到行銷管理博士，然後回國擔任跨國公司的中華區總經理，年紀還不到五十歲。有兩個孩子，還有，她很少提到的老公。

在同事的眼裡，她大概就是天之驕女，工作順利、家庭得意。除了少數朋友知道，她這一生最大的挫折，就是她的另一半。她的另一半，從結婚到現在，從來沒有找過一份超過一年的工作，對她的要求，即使百依百順，但是對家裡的開銷倒是從沒負過責任。全家大小要出國的地點？無所謂；小孩子的名字應該怎麼取？老婆決定；房子要買在哪裡？她說好就好；裝潢怎麼設計？當然不過問。整個家，他就像是隱形人。

所以當她發現，老公竟然外遇，對她而言簡直就是不可原諒的痛。特別是先生被發現時跟她說，「既然都這樣，那也就無所謂了。」

更讓她氣結。

「妳確定要離婚？」這總是我接觸離婚訴訟的開場白，畢竟離婚是人生中相當重大的決定，尤其兩人有孩子的時候。

「我確定。」她果斷的點頭，「這段婚姻，我已經忍了很久。」

「好的。我們來談談你們的婚姻。」我拿出紙張，開始記錄。

「他是什麼樣的人呢？」我問。

「他啊！」她嘆了一口氣，「某種程度來說，他是個好人，但他不是個好男人。」

「怎麼說？」我問。

「他賺的錢不多，教育程度只有高職，但是他對我很好，什麼都聽我的。」她神色黯然，「家裡所有的事情，都由我決定，他就是被動配合而已。以前我總覺得這樣很好，可後來我總希望一個溫柔的臂膀，在我累的時候，可以讓我休息。」

「那麼，你們既然身分地位差距這麼懸殊，妳為什麼會愛上他？甚至跟他結婚？」我問。

「你有看過倪匡的小說嗎？」她突然問我。

「有，但是有什麼關係？」我很好奇。

「有一部小說叫做《尋夢》，大概上一輩子我是小展，他是翠蓮。」她慘笑，「我是來還債的。」

「還債？為什麼這麼說？」我追問。

「我不知道我為什麼會愛上他。朋友介紹我們認識，我對他就一見鍾情。婚前，我覺得他好帥；婚後，我覺得他好怪。他是個藝術家，但卻是沒有天分的那一種。他一直不肯認真找一份工作來做。我的人脈很廣，所以結婚以後，我幫他介紹到朋友的公司做廣告，沒幾個月就不喜歡；後來到另一個朋友那裡做行銷，他竟然直接曠職。幾份工作以後，他索性待在家裡不上班，幫忙帶小孩。可是，我壓力好大。」她一連串的說出她心裡的話，滔滔不絕。

「他積欠了一堆卡債，都是我幫他負責處理，他每天就是在家作畫，跟他的朋友喝酒，我卻要擔起這個家的經濟責任。我越來越後悔，到底嫁給了誰？」

「你們溝通過嗎？」我問。

「溝通？我跟他說話的時候，他就是靜靜的聽我說，一句話也不吭。怎麼溝通？」她非常憤怒，「這些我也都沒意見，但是他竟然外遇！」

「外遇？妳發現他跟其他女人在一起？」我問。

「當然。他跟那個女人的所有訊息，都在我這裡。」她拿出手機中的證據讓我看。

在訊息中，他像是個叱吒風雲的將軍，而那個女人則是他的賢內助。元配，在他們的對話裡，卻宛如「嫌內住」。

「好吧！」我雙手一攤，「妳有他『通姦』的證據嗎？」我特別在「通姦」兩個字上加重語氣。

「有。」她手有點發抖，「隨身碟上有他們的性愛錄影，他也承認了這一切。」

「那麼，他願意離婚？」我問。

「這就是我最生氣的地方，他竟然要我們結婚十年來的一半財產。」她高聲說，「我已經付了他一百多萬的卡債，連我們母子最後的房子、我扶養孩子的存款，他竟然都要一半！」

我面帶歉意，「這是剩餘財產制的規定。如果結婚時，妳沒有設定財產制，法律上會自動把你們歸類為法定財產制，也就是在離婚時，你們兩人的財產必須均分。他有財產嗎？」

「還不就是那堆破畫！」她生氣的說。

「唉唷！說不定他會是下一個莫內或畢卡索。別這樣。」我安慰她，但心裡一直覺得有件事不對勁。

「畫家總在死後才成名！」她似乎在賭氣。

我沒理會她，自顧自的說，「所以妳的房子與存款，大概得分他多少？」

「他通姦，我們離婚，而我受到懲罰！」她大叫，「這是什麼法律？」

「我找他談談。」我要她冷靜。「妳可以約他嗎？」

「我不確定。」她有點猶豫，「上一個律師被他罵得狗血淋頭。」

「試試看吧！我想跟他聊聊。」我說，同時終於發現哪裡不對勁，因為她說的話，經常會有英文夾在中文字裡。

他看起來確實很像個藝術家，即使憤怒的太太就坐在他對面，他依然蠻不在乎。

他蠻不在乎的叼起一根菸，她露出嫌惡的表情，我沒說話，只是看著他們。

「找律師來也可以，我們正好可以說清楚。」他說，「財產要怎麼分配？」

「結婚這幾年，我給的還不夠多嗎？這些錢都是我賺的，跟你有什麼關係？」她說。

他攤開雙手，「妳去問立法委員，不要問我。法律就是這麼規定的，我也沒辦法。」

「那麼你跟那個女人上床，又怎麼說？」她問，毫不掩飾。

「那又怎樣？大不了就是判刑，我願意罰錢。就算是賠償，我也可以拿妳的錢賠給妳，有問題嗎？」他囂張的語氣，讓我皺眉頭。

「你確定是這樣？」我總算說話了。

他看了我一眼，「你們都一樣，都是所謂的知識分子，我說不過你，沒有要跟你談。」

「你知道你的畫在我這種外行人看起來的想法嗎？」我自問自答，「就是你留白的部分太大，不夠寫實。色彩很鮮豔，但是太過前衛。」

「那又怎麼樣？」他斜眼看著我，「想要嘲笑我嗎？」

「不是，那就像是你對於婚姻的態度一樣。」我真誠的說，「你確定你做的這些事情都是對的嗎？」

「這沒有對錯可言，感情不過就是這樣。」他自嘲似的說，「就像我這個沒有用的藝術家，畫著賣不出去的畫，好不容易有懂得欣賞的人想買，當然一定得賣，總比她一天到晚把我當垃圾好多了。」

我心頭閃過一個念頭，似乎知道他在意的點是什麼。

「那麼先不談了，我們彼此再想想。」我站起身來準備送客。

她驚訝莫名，「今天不談通姦、不談離婚、不談財產？」

我搖頭，「氣氛不好，改天再說。」

我打開他的網站，再次詳細的看著他的畫風，發現他在婚前與婚後的差異很大。婚前就是懷才不遇的狂放；婚後就是飽受壓抑的狂暴。

「飽受壓抑」，有趣的四個字。

我約了他在華山藝文特區的餐廳。

「你是個很有意思的律師。」他說。「不過我可沒錢請你吃飯。」

「沒事，我只是很喜歡藝術家，想跟你聊聊。」我輕鬆的說。

「你很愛你的兩個小孩？」我問。

「當然，你怎麼知道的？我老婆講的？」他很好奇。

「不是。是你的畫偶爾幾幅看起來很明亮，都是畫這兩個孩子，你把他們畫得很美。」

我衷心的說。

「你去看了我的網站？難怪點閱率突然暴增，平常根本沒人會注意我這種人。」他笑了。

「但是你也很悲傷，因為在婚姻生活中，你覺得一直被壓抑？」我小心翼翼的問。

他沒有說話，低頭攪拌他的咖啡。

「我這麼假設，如果不對請告訴我。」我接著說，「你覺得她讓你不舒服。她太嚴肅、你太隨興；她太驕傲、你太自卑；她太霸道、你太壓抑；她是女王、你是奴隸。」

他猛地抬起頭來，「我是不成材沒錯，可是她婚前就知道，我只會是不成功的街頭藝人而已。我是很會花錢，我是外遇！那又怎麼樣？我是在報復她！你知道嗎？在她面前，我永遠抬不起頭來，就像是她高高在上，我低下卑賤。她說什麼都好，我說什麼都不好。在孩子面前，我就是沒地位、不會賺錢。我是不會賺錢，但是孩子很愛我，我教他們作畫、我抱他們、跟他們一起玩顏料。她只會皺著眉頭要我們去洗乾淨，就像是髒東西一樣。我不懂，如果是這樣，她當時幹嘛跟我結婚？」

我靜靜的聽他控訴，然後緩緩吐出一個字，「命。」

「你們在命定的時候見面，你有她渴望但是做不到的特質。但是後來她發現，她做不到，不是因為做不到，而是她本來就不要，她只是誤以為她想要而已。」我說。「就像是布丁本來就不適合跟泡麵加在一起。」

他聽了這個梗，噗哧一聲。「你很好笑耶你！」

「其實你們都付出了代價。」我正色說。「這麼說好了，其實法律也不是如同你想像的，一定是一人分一半。法院還是會根據你們兩人在婚姻生活中的貢獻，去增加或減少剩餘財產制的分配。換句話說，你不一定真的能拿到一半。你想想，如果走到法院，勢必會傳喚你的兩個女兒出庭作證，你願意你的女兒出庭指控你或她？而且過去她也對你付出不少，你能不能放她走？」

他沒說話，又低著頭。

「她願意給你一個數字，也不追究通姦的問題。」我說。「你們何必一定要上法院？」

他慘然的笑了，「好。她給我多少，都全部給兩個孩子。」

我有點訝異，「為什麼？」

「本來我要的就不是錢。我是缺錢，但是我更缺尊嚴。」他看著我。「我願意把這些錢都給孩子，雖然我本來就一無所有，現在我至少有她們。」

我想起了一種特殊的作畫方式。油墨與水，是注定分離的，但是水分蒸發之後，具有特殊紋理的油墨，即存留於畫布之上，形成獨一無二的特殊紋理。他們不能相容，但這兩個孩子，卻是他們畫布上美麗的紋理。

II

誰有罪？

人生，許多情節不都是許多巧合所造成的荒謬？一連串的陰錯陽差，造成一個過程荒謬、結局無奈的故事……

風之谷

對人類有害的生命，
其實只有邪惡的人類自己。

深夜十一點多，電話響起，是熟悉的一個朋友。然而他語氣驚恐：「我兒子現在在醫院加護病房裡，你能不能馬上過來？」

「你先安靜下來，告訴我發生什麼事情？」我試著先安撫他。

「我兒子快死了，你來就對了。」他帶著啜泣的聲音。

雖然是沒頭沒腦的電話，我也真的不知道律師能在加護病房裡做什麼，但是我還是決定過去。

醫院在土城，距離有點遙遠，一路上我在想，我認識這個父親的過程。他是一家保養品連鎖店的店長，因為另一個朋友介紹而認識。他已經離婚，孩子的監護權在他那裡。在一次場合中，我看過這孩子，已經十七歲，笑容憨厚，正在念高中。他禮貌性的叫了我叔叔，印象中是乖孩子。

我到了醫院，加護病房外人山人海，父親掩著面，坐在病房外的長椅上，滿臉愁容。我趨步過去問他，「發生什麼事情？」

「我的孩子趁著暑假，想在外面打工。他說是去做外牆清洗的工作，我跟老闆談過以後，也很信任他，所以就讓他去上班，今天是第一天。然而，當他去清洗一棟大樓的頂樓，卻被高壓電燒傷，現在，唉，現在……」父親已經哽咽得無法說出話來。

還有其他人在急診室外面議論紛紛，我問了父親，這幾個人是誰。他稍微擦拭了眼淚，指著一個年輕人，「他是公司的老闆」；然後指著另外兩個人，「他是台電的主任」、「他是業主的經理」。我向他們微微點了頭。

年輕老闆約莫三十餘歲，走過來向父親說，「我們公司一定會好好處理這件事情」。父親搖搖頭，「他還能活下來嗎？」

業主經理是個中年人，拿了十萬元過來，「這是我們公司董事長的慰問金，他對於今天發生這件事情也很遺憾，希望你們可以節哀。」

父親霍地站了起來，「十萬元！你當我在賣兒子？他都還不知道能不能活下來，你們為什麼要讓他在這麼危險的地方工作?!」

業主經理苦笑，「不關我們的事情啊！」

父親咆哮說，「不關你事」，轉過頭去跟老闆說，「那就是關你事了！你為什麼要派他到那種危險的地方工作」，又指向台電的主任，「不然就是你們，怎麼大樓頂樓會有高壓電塔?!」

大家臉色都很尷尬，也不曉得怎麼回應。而我透過拼湊，大概知道了事情的概況。

那天早上，老闆指派他去某個業主的大樓工作。那棟大樓的設計很奇特，而且緊鄰高壓電塔，頂樓只有大約四層樓高，卻有一條高壓電線經過。他當天負責清洗外牆玻璃，業主經理打開頂樓的門鎖，讓他從陽台過去。正當他拿起已經浸過水的伸縮桿與水桶經過高壓電線之下，電線的電輻將他整個人吸過去，當場被電擊到上半身焦黑，業主經理只能趕快送醫急救，到現在還沒辦法脫離險境。

正當我在了解這件事情的始末，醫師終於從加護病房出現，臉色還是凝重，但是把父親找過來，告訴他孩子的命應該是保住了，只是受有高達身體總體表面積百分之四十之二至三度電弧傷、吸入性灼傷、雙上肢腔室症候群等重傷害，將來後續的復健工作會很漫長。

父親聽了當下雖然鬆一口氣，但是醫療與未來的復健問題，立刻又壓得他喘不過氣來。他顫抖著問，「大概需要怎麼做？費用多少？」

醫師皺著眉頭回應他，「他的臉算是破相了，耳朵、嘴唇等都已經萎縮，雙手功能應該也會受到很大的影響；必須不斷的進行手術調整。後續還需要植皮等等，費用應該至少有幾百萬以上，還不能確定。」他話鋒一轉，「但是，至少命是保住了，希望你們以後多花點心思照顧他，而且讓他可以持續復健。」

孩子的父親聽了差點暈眩，「我，可能付不起這麼多錢。」他轉頭看著我，「律師，我希望你可以幫忙。」

我艱難的點點頭，因為接下來應該是一場硬仗，我們有三個被告。

我們對於台電、業主與公司，提起了業務過失重傷害的刑事告訴。因為孩子還沒滿二十歲，所以由法定代理人，也就是父親代表提告。業務過失傷害的刑事告訴，因為是告訴乃論的罪，所謂告訴乃論，相對於公訴罪，屬於不告不理，必須在知道有傷害起六個月內提出；至於民事訴訟，因為屬於損害賠償類型，請求的時效是知道有傷害起兩年，倒是可以比較不急。

「你們可以在刑事告訴結束，檢察官把他們起訴以後，你們再提出民事訴訟。」我說。

「為什麼？」他很疑惑。「這樣不就會耽擱到法官判決的時間？」

「提出民事訴訟會有訴訟費的問題，要由原告先負擔，約為請求金額的百分之一。」我在病床前看著孩子面目全非的臉孔，「我看孩子的植皮、復健等等費用，應該很高，如果是一千萬元，就要先繳納十萬元的裁判費，最後由輸的一方負擔。這樣其實負擔很重。」

他看著床上昏迷不醒的孩子，「這孩子以後不知道要怎麼面對幾十年被人指指點點的未來。」他說，然後對我點點頭。

刑事庭的偵訊很快就開始了，三方被告都到了偵查庭，當然，也都帶了律師，狹小的偵查庭有些擁擠。

檢察官問了我們一些簡單的因果關係問題，我們認為雇主沒有進行勤前教育，而且並沒有告知危險性；業主則是沒有在孩子要上工前，叮嚀有高壓電的問題，或者設立告示牌。台電，在設置高壓電塔的規劃上，也沒有盡到責任，怎麼可以讓十六萬伏特的高壓電塔就矗立在人形屋頂旁邊？

檢察官讓他們簡單的答辯，當然被告都否認犯罪。雇主認為，該教的都教了，他不應該把伸縮桿一起揹著在身上；業主說，早就跟雇主講過要小心，特別在契約上都有標明，是雇主沒說；台電則是表示，他們根據屋外供電裝置規則的規定，至少符合三點八八公尺以上的高度，這裡的人形屋頂，離電線還有四點五公尺，所以是符合安全距離的。

檢察官聽了幾方的說法，沒進一步表示什麼，書記官就把筆錄繕打清楚。

他決定要去現場勘驗。

在刑事訴訟法上，檢察官有時候必須要做「勘驗」與「相驗」。所謂勘驗，就是到案發現場去了解狀況；所謂相驗，則是了解死者的狀況。今天做的事情，叫做勘驗。

我們很少看到檢察官穿西裝，因為他們的衣著通常都罩著紫黑色的法袍，只有在這時候才會看到便服檢察官。我們到了現場，一個高聳的電塔就矗立在我們面前，我倒吸一口氣，「是什麼樣的原因，讓員工願意在這裡工作?!錢？命都沒了，要錢做什麼？」我心裡想。

這個電塔，外表漆得五顏六色，就像是包裹在糖衣裡的毒藥。檢察官皺著眉頭問，「怎麼會讓這個電塔就在住商混合區裡面？」

台電人員立刻回答：「因為電業法第五十一條規定，本來因為供電需要，就可以在私人空間上下設立電塔。」

我心裡冷笑，「倒是訓練有素。立刻就可以回答出法律基礎。」

我知道這是事實，電塔確實可以設在私人空間上下，只是說，為什麼要這麼做！為什麼要把電塔設在住宅區域中？

「對人類有害的生命，其實只有邪惡的人類自己」，我想起了《風之谷》的娜屋西卡。我們有必要在住商混合區設置可怕的怪物，只為了人類供電的方便嗎？

這個看起來很可怕的怪物，就張牙舞爪的站在我們面前。我其實不敢靠近，但是台電人員告訴我，安全的高度絕對沒問題，不過如果行人有拿竿子，那就會有被電幅吸入範圍的危險。十六萬伏特所產生的電輻幾乎可以致人於死。

我默默的看著這隻不知道應該稱之為雷神索爾或是閃電俠的怪獸，工作人員正在忙碌的測量電線與地面間的距離。檢察官大約了解了出入口，而且請書記官繪圖。我隨機問了一個員工，「你在這裡工作不害怕嗎」，他沒多說什麼，就是搖搖頭而已。

接下來是難堪的沉默，我們都沒有接到開庭通知。然而，就在兩個月後，我們突然接到地檢署給我們的起訴書與不起訴書。老闆被起訴，但是業主與台電都不起訴。起訴的原因，就是因為沒有做好勤前教育，告知電塔的危險；至於業主與台電，則是因為「設立電塔依法有據」、「電線離地面的距離合乎規定」、「已經告知老闆有設置電塔」等原因，不起訴處分。

父親愁容滿面，我也是。

對於老闆而言，我們的刑事告訴縱然成功，也沒有多大的用處。畢竟現在孩子需要的是醫療費。但是能負擔得起醫療費用的兩個被告，全部不起訴。換句話說，我們不能對這兩個被告提起附帶民事賠償。

所謂的附帶民事賠償，就是當刑事犯罪對於被害人造成傷害，而且經過檢察官起訴後，可以提起附帶民事賠償，這時候不須繳交裁判費，對於無資力的被害人來說，當然可以省下一筆提告的費用。而且，問題還不僅止於此。

老闆沒有錢。

他是個剛創業的年輕人，基本上並沒有資產。換句話說，就算將來告贏，可能也只能拿到一張所謂的「獎狀」，就是債權憑證。至於說，「業務過失重傷害」的罪名與刑責，對他而言，究竟是否重要？答案是，一點也不重要。

對於某些中產階級而言，他不會想讓自己有前科。可是，對於這個老闆而言，如果要他拿出一千萬元來交換前科，肯定不會願意。更何況，這項罪行，一般而言大概會判刑六個月，可以易科罰金。

我們討論了一晚，決定提出民事訴訟，而且是直接對上面三個被告再重新提出。

事實上，既然刑事已經判定，當然會影響民事的結果。換句話說，業主與台電的工作人員都已經不起訴，要動搖民事法官有新的心證可能性是很低的。但是，我們為什麼仍然要提？

父親提出了這個疑問。

因為要談和解。我希望可以從業主或台電拿到和解金，即使金額不多，對於他的重建而言，都是好事。尤其當我看著他扭曲而受傷的臉，皮膚焦黑、雙手萎縮，我真的希望可以為他做些什麼。

我們提起民事訴訟以後，我跟對方的律師開始談判。我們同意不對檢察官的不起訴處分書再議，對於民事訴訟部分，我們也可以考慮撤告。然而，談判很不順利，因為金額沒辦法談妥。

而且，民事訴訟又繼續敗訴，還是只有老闆要負責而已。

不過，就在決定要不要上訴之際，我們還是談成和解。兩方都同意以慰問金的方式，讓孩子能夠有一些補償。

只剩下老闆了。老闆到目前為止，都沒有拿出任何的補償，即使一審判決已經是天價，但是他堅持等三審結束，才會有進一步的表態。我們即使去國稅局查詢他的報稅資料，所有的清單也顯示，他只有這間公司，什麼都沒有。

二審，打得其實很悶，因為對方律師一直在爭執所謂的「復健相關費用」的多寡。每一次的出庭，對於這孩子來說，都是一種煎熬。

辯論終結，二審的金額或許會增加，但是，我們其實都不抱任何太大的希望。

就在宣判的前幾天，爸爸驚慌的告訴我，「老闆死了。」

「死了！」我也傻了。「怎麼死的？」

「據說是從鷹架上跌下來。」父親無奈的說。

案件結束了，一個三十出頭的年輕人，生命結束；一個未滿十八歲的孩子，從此顏面傷殘，得不到補償；電塔還在那裡高聳的矗立著，就像是妖獸一樣，繼續吞噬著民眾的安全。

訴訟，改變了什麼？活在腐海中的人類，我們想過了沒有？

壯志
在我胸

我們並不會看好大法官能夠為這種案件費心解釋。
然而，我們憑的信念就是對於司法的最後信任。

他是個臉色蒼白，但看起來性格堅毅的年輕人，是學生介紹他來找我的。

「什麼？你想考軍校？」我非常吃驚，畢竟像我這麼崇尚自由主義的人來說，從事軍旅生涯應該會要我的命。記憶中，遙遠的二十年前，我在成功嶺的時候，根本就是想逃兵的天兵。一直到退役，我還是不懂怎麼組裝六五式步槍，而且半夜站哨一直會想到鬼故事，沒錯，都是陳為民惹的禍，他的軍中鬼話寫得太好。

他認真的點頭，彷彿軍旅生活是他人生唯一的目標。「我就是想報考軍官學校。」

「那就去報考吧，反正你還年輕。」看著這個小我十歲的年輕人，我對於他這麼想從軍報國，感到無限的敬佩。

「我不能考，這是我來找你的原因。」他有點黯然，「我在前幾年，因為發生一場車禍，造成對方受傷。我很想和解，但是對方開出的條件太高，我剛從學校畢業，真的沒辦法負擔，所以只好讓法院判刑，拘役四十天確定。」

他應該沒想到，這場車禍，竟然讓他沒辦法報考軍校。

從小，他就想報考軍校，原因不為什麼，或許是那身颯爽的軍裝，或許是父執輩對他的期許，也或許是想要報效國家，但總之不是因為看了報告班長系列的電影，他不屑的說，「軍旅生活不是這樣的。」

為了這個志願，他不只鍛鍊自己的身體，雖然沒有六塊肌，但也讓自己跑五千公尺的時間控制在十九分鐘上下，在兩分鐘內，他可以做到仰臥起坐一百下、伏地挺身一百下。此外，他在大學期間也熟讀戰爭論，期許自己將來可以成為一個出色的指揮官。

然而一場車禍，斷送他的國軍夢。

他以為被判拘役四十天，算是沒什麼，畢竟他沒有作奸犯科，也不過就是紅燈右轉，不小心壓到行人的腳，但是對方竟然要求五十萬元。五十萬，對於一個剛出社會的孩子來說，實在負擔不起，況且他也不覺得這場意外需要到這麼多的賠償，所以他不願意和解。然而，過失傷害卻是事實，檢察官聲請簡易判決，他默默的接受了，他以為沒什麼。

「律師，這有什麼嗎？為什麼要因為無心的錯誤，就阻斷我的路？前科真的有這麼重要嗎？」他問。

「前科，並不是很重要。只要你沒有要參選總統、或是去擔任保全。」我開玩笑的說。所謂的前科，應該稱之為犯罪記錄，也就是過去曾經被法院判刑。一般人其實都不會知道坐在隔壁的人究竟有沒有前科，這種記錄大概只有四種用途：第一，如果有前科，選總統會被政敵攻擊；依法不能擔任保全人員。換句話說，選擇職業會受到限制。但是除了總統與保全，除非是性侵害前科，否則在選擇職業上影響不大。第二，如果有前科，「可能」將來移民會有「困擾」，但也只是可能，不見得一定會有影響。例如投資移民，只要罪名不是連續殺人，問題都不會太大。第三，在法院量刑上，如果有前科，特別是五年內的前科，可能不會有機會讓法院給予緩刑或從輕量刑，甚至會以累犯論處，加重刑度；最後一個用途，大概就是滿足自己的要求：「清白的來清白的走」之類的想法，不過對我而言，這種需求大概跟「自豪自己的健保卡從未用過」一樣的無趣。

然而，現在有了第五種的用途，就是考試會受到限制。而且，考試規則上明文規定，一旦受法院刑之宣告，連報考資格都不會有。

看到這規定，我心中不知暗罵幾聲，這種前科規定，如果真的有用，國軍怎麼會有尹清楓命案？怎麼會有洪仲丘命案？郭力恆都已經出獄了！招生簡章竟然還有這種規定？簡直匪夷所思。

「好吧，我們一起來對抗萬惡的國防部吧！」我說。「不過，這官司應該會一路敗訴，因為只有大法官會議能救我們了。」

「為什麼？」他問。「這是不合理的，難道法律會允許國防部這樣的規定？」

「這在法律上，叫做授權命令。如果法律有授權行政機關得以制定招生簡章，那麼這就是行政機關的裁量範圍。」我說。「一般而言，司法機關對於有法律授權的命令，都會認為合法。」

訴訟很快開始，第一場戰役在台北高等行政法院開打。我們提出的訴求就是，招生簡章縱然有法律授權，也已經踰越原本授權的原則，國軍以前科來挑選是否適任公職，當然更不是法律授權的目的。

國防部派了軍法處的少尉來說明，連律師都不需要指派。法官頭也不抬的問：「原告先告訴我，就算打贏了，你們有什麼好處？能報名嗎？」

「今年是來不及了，但是明年可能來得及。」我說。

「就算能報名，能考上嗎？」他繼續追問。

我傻眼了，這是什麼問題？

法官接著問：「也請原告對於刺青表示意見，你們認為，如果身上有刺青，能不能報考軍職？」

我繼續傻眼，因為刺青似乎是另一個話題。即使我認為，其實身上有刺青，應該也能報考軍職，但是我不敢說。

「我們還是請原告先陳述本院剛剛提出來的幾個問題，並且把主張再釐清，爭點應該就是國防部的招生簡章有沒有法律授權，原告與被告有沒有問題？」他簡短的說。

所謂爭點，就是本件訴訟的爭執點，如果原告與被告都同意這樣的爭點，將來法官就會依照我們同意的爭執點做判斷，誰贏得這個爭點，誰就會贏得這個訴訟。聽到爭點，我們就知道應該會輸，畢竟兵役法應該就是對於國防部制訂考試規章有相關授權，我們所爭執的點，不會在那裡，而是應該在規定違反憲法上保障人民選擇報考公職的權利。如果只是爭執有沒有「法律保留原則」，我們乾脆舉白旗投降就好。

「審判長，我們認為爭點應該可以是違反平等原則，畢竟其他考試也沒有這樣的限制；而且我們認為前科與能否擔任軍官，欠缺關連性；此外，這也侵害到人民應考試服公職的權利，不符合對人民權利的最小侵害……」我還沒講完，就被審判長打斷。

「我這裡不處理釋憲的問題。」他說，「關於是否有違反憲法第十五條保障人民服公職的權利，以後你們再處理。」

「至於其他爭點，我們會再考慮。」他頓了一下以後說。「有要傳喚證人嗎？如果沒有，本件準備程序結束。」對方的軍官匆匆的收拾文件，面帶笑容，因為感覺起來，就像是我們跟法官之間的戰爭，而不是他們與我們的訴訟。

我們怎麼會有證人？這一切不過就是要確認，究竟一件過失傷害的前科，會不會影響民眾想要報考軍官的權利而已。

很快的，我們收到辯論的開庭通知。這裡的辯論程序，並不是像所謂的英美國家法庭戲劇一樣，會有律師站起來詰問被告、慷慨陳詞。簡單一點的作法，就是陳述「如辯論意旨狀所載」，複雜一點的方式，就是把辯論意旨狀的內容，簡單陳述一遍。但是這兩種方式對於結果會不會有差異？答案是，不會！當我們在陳述辯論的內容時，法官就是看著他自己的卷宗，「看起來」早有定見，一切的程序只是過水而已，而不論說得再多，筆錄上只有寥寥數語，「如辯論意旨狀所載」。

高等行政法院敗訴，我們接著往最高行政法院上訴。最高行政法院是法律審，不會開庭，所以我們將過去的書狀整理，並且論述高等行政法院的判決如何違反行政程序法上的平等原則、最小侵害原則等等，提供最高行政法院做參考。但是我們知道，除非他們願意將本案暫停審理，送交大法官會議解釋，否則通過的機會一樣微乎其微。

他問我：「我希望進入部隊報效國家，這樣是錯的嗎？」

「這個國家錯的是人，不是制度。」我說。「你要堅持下去！」

最高行政法院判決出爐，我們一樣敗訴。

我們等候這一刻已久，立刻著手處理大法官會議的解釋聲請狀。

憲法的條文是死的，必須要有人解釋，不然立法院制訂的法律、行政機關的作為是否違反憲法，就無從解釋與制裁。大法官會議，就是我國處理解釋憲法的機構，行政、立法乃至於法院的判決，都必須臣服於其下，並且根據大法官會議對於憲法的解釋，做出行為或立法上的調整。

然而，並不是任意就能夠聲請大法官會議解釋。首先，我們必須舉出哪部法律中的條文違反憲法，並且對於當事人有所損害；其次，必須已經走完所有應走的程序，舉例來說，當我們被開罰單，就不能直接聲請大法官會議解釋，必須先訴願、行政訴訟都終結以後，才能具體指出法院適用開罰單的法律違反憲法，訴請大法官釋憲。

我們遞出去以後，其實沒有太大信心，畢竟大法官會議每年做出的解釋不過就是十來件，我們並不會看好大法官能夠為這種案件費心解釋。然而，我們憑的信念就是對於司法的最後信任。

「如果過失傷害就不能考軍官，我不相信當了軍人以後，每個人就都道德高尚、不會犯法。我們是對的，就要堅持下去。」我說。

我們的案件在司法院躺了將近一年，其中我還跟他聯繫，看來他過得挺不錯，在念書，也有一份兼職的工作。我問他，為什麼不找一份正職的工作？

他說，「匈奴未滅，何以家為！」

「真有志氣的年輕人」，我想。他應該就是在等還他公道的那一刻。

某天早上，助理難掩興奮的告訴我，司法院祕書處打電話來通知我們，代理釋憲的案件通過了，正式成為大法官會議第七一五號解釋，但是下午才會正式公布。

我問他，「你還要報考嗎？」

他淡淡的說，「當然，我就等這一刻。明年我就要繼續努力。」

為了這個報考資格，他等了四年。雖然我知道，他在口試上可能會吃虧，但是畢竟終於拿到入場券。如果可以，我真想跟國防部說，「如果這種人你們不要，那你們還要什麼樣的人？」

只是，國防部會聽到嗎？

將軍令

我們軍人不懂這麼複雜的法律，
我們只知道專業知識，只知道如何保衛國家。

這座基地在深山裡，掌管全台灣的空防，基地的高度高達二千六百多公尺，有著最新式的長程預警雷達，大概北韓發射飛彈，美國第一時間的空防情報，就從這裡提供了。因此，在這裡工作的官兵，大概就是空軍的一時之選。

這裡終年寒冷，大約也沒有什麼娛樂設施，連手機都不通，不過官兵們大概都覺得自己身負空防重任，或者說當兵也就是這樣，「貪生怕死莫入此門，升官發財請走他路。」既然來了，就好好的負起自己的責任。

他是這個基地的主官，官階不大，約莫就是上校而已，然而他是同期中最年輕的上校，應該很快就可以當上將軍。他熱愛他的工作與國家，專業能力在同儕與長官的眼裡都是一流，家裡有兩個孩子，還有支持他的老婆。

山上的生活一點也不有趣，況且他剛接這個基地的主管，所以他律己甚嚴，也會嚴格要求部屬，把自己分內工作做好。如果不是那一天下午的一件小事，或許他的人生，會完全不一樣。

中午時分，他一個人坐在主官桌吃飯，科長過來找他。科長是個很拘謹的副官，在這個基地裡已經有段時間，如果有任何不瞭解的行政問題，科長大概都能適中的幫忙他處理。

「報告主任，下午我們有幾個人想要四處去走走，能不能放行？」科長問。

他抬頭看看科長，「下午如果勤務暫時告一段落，你就帶他們去走走，但是要注意安全。」

「是。」科長點頭以後離開。

他心想，不過就是幾個人想到這座深山附近逛逛，這裡的風景很美，不過可惜的地方就是「好山好水好無聊」，如果可以去走走，也沒什麼不好。他唯一掛心的大概只有官兵的安全，但是謹慎的科長在，大概也不會到危險的地方去。

整個下午，他都在批公文。直到傍晚，科長帶著滿身的疲累回營區。

「報告主任，我們帶了一些東西回來。」科長說。

「東西？」他大概猜到是什麼，「我不是要你們別帶任何木頭回來嗎？你們為什麼還要帶？」

「報告主任，我們剛成軍，貴賓室裡空空蕩蕩的，我們想說在路上撿些木頭回來，可以裝飾部隊。」科長直挺挺的說，「反正這些木頭放在路邊，又沒有人要。」

他不耐煩的揮了揮手，「那就按照之前我跟大家在點名時說好的規定，只要私下撿拾任何木頭，一律充公，放到廣場上。」

從平地到山上，一路上都是珍貴的檜木或杉木，當然也有許多死去的殘木，形狀非常漂亮，但是他基於安全的理由，嚴禁所有官兵私下取走，如有發現，一律充公，不許保留。

為什麼充公，而不是放回原地？他是這麼想的，「如果充公，至少大家都看得到，不會有人陽奉陰違，明明要他丟棄，他卻私下放在自己身上帶下山。」他以為這樣就是最好的政策。

不過，法律會狠狠的教訓他，為了他的無知。

幾天後，憲兵隊大批人馬突然開拔到這個基地來。他在第一時間知道時，非常錯愕，以為是他的屬下在外面闖禍犯法，所以憲兵隊要進來要人。

是的，確實有人犯法，但是犯法的竟然是以他為首以下的幾個幹部。

憲兵隊直接持搜索票，會同林務局的人員，將整個基地翻了過來，找到了幾塊放在廣場上的木頭。

「應該就是這個了。」一個林務局的官員說。

他們被帶下山去憲兵隊做筆錄，罪名是：「違反森林法，六個月以上五年以下有期徒刑」。

他坐在我面前，身形筆直，就像是典型的革命軍人，英姿颯爽，但是他現在看起來滿臉愁容。我靜靜的聽著他的經過，心裡不曉得怎麼的，一陣酸楚，或許是想到曾經是職業軍人的哥哥。

「後來憲兵隊把你們移送地檢署？」我問。

「對，而檢察官要我們都認罪，認罪以後，沒多久就起訴了。」他洩氣的說，「現在我被調職，已經不再是部隊的主管，而其他弟兄也都受到懲處，將來如果有罪，未來可能都必須強制退伍。」

「犯罪所得究竟多少？」我問。

「這不是犯罪，而且總價值，根據林務局估算，大概也就是四千多元。」他回答。「律師，我問你，就算這些弟兄有錯，他們不該撿起那些木頭，但是擺在營區內，做公共藝術，並不是做私人使用，我們又是招誰惹誰？」

「從法律的觀點來看，這些林木屬於林務局管理，所以部隊取走，就像是國防部拿走經濟部的東西，法院確實有可能認為是竊盜林木。」我無奈的說。

「我們軍人不懂這麼複雜的法律，我們只知道專業知識，只知道如何保衛國家，我們對於木頭的概念，就是國家的，不能拿回家而已。我要怎麼知道你所謂的『從法律的觀點』是什麼？」他很憤慨。

我點點頭，這些職業軍人，對於法律大概只有粗淺的概念，怎麼會知道森林法、國家公園法等這種可能連法官都不熟的法律。

「好吧！那我們就來閱卷，看看你們在之前說了些什麼。此外，我會跟林務局談談看，有沒有機會和解，或許可以認罪爭取緩刑。」我說。

「如果認罪才可以拿到緩刑，這樣我不要。」他很嚴肅的說，「我沒有做錯任何事情，平常我就特別要求弟兄不能私下藏匿木頭，況且那天我根本事先不知道他們要去哪裡、做什麼事情，為什麼要這麼對我？」

「你們之前沒有找國防部幫忙處理這件事情嗎？」我問。跨部會協商，不是政府常做的事情嗎？

他苦笑，「依我們國軍現在的形象，你覺得長官能怎麼做？」

「好吧，讓我先試試看，如果沒有和解機會，我們再來硬碰硬。」我苦笑說，「這是一場非常艱難的戰爭。我希望是台兒莊大捷，但有可能是徐蚌會戰。」

林務局的某位長官，曾經是博士班時一起上課的同學，有過幾面之緣，沒想到他很忙，祕書很有禮貌的擋了很久，好不容易，在傍晚七點多，我接到他的回電。

「大律師，這個案件我們沒辦法和解。」他說。

「為什麼？才四千多元的價值，而且不是放在自己口袋，他們願意認錯道歉，不能給他們機會嗎？這幾位空軍的菁英未來在你們手上，可以高抬貴手嗎？」我開始哀求他。

「不可能。最近你也知道，軍人的形象地位不好。他們在我們的定位裡，就是山老鼠。軍人帶頭當山老鼠，我們要怎麼同意和解？」這位長官態度非常強硬。

我開始也有點怒了，「他們不是山老鼠！他們根本不知道這樣是違法的。」

「我很忙，不要浪費我的時間。」電話就掛斷了。

和解不成立，我們只好拚無罪，然而，這是一條崎嶇的道路，因為所有人在地檢署偵查的階段時，都認罪。

「你們幹嘛要認罪？」我沒好氣的說。

「因為當時憲兵告訴我們，認罪就沒事了。」其中一個少尉說。

「到了檢察官面前，也不必繼續認罪，可以翻供啊！」我不滿意他的答案。

「憲兵在移送我們到地檢署前，特別交代我們，如果翻供會判得更重，要我們堅持先前的供詞。」另一個士兵說。

我嘆了口氣，故事好像都是這樣發展的。

十分鐘後，我們在法院的被告席上就座，準備開庭。

「請問被告，關於違反森林法的部分，你們是否認罪？」一個年輕的女法官問。

幾個被告，包括一名上校、一名中校、兩名士官、一名士兵，通通不認罪。

法官皺起了眉頭，「你們在先前不是都認罪？為什麼現在改為不認罪？」

「因為先前我們不知道這樣是沒犯法的，檢察官要我們認罪，我們就承認了。」上校說。

「好的，但是我要提醒你們，這是六個月以上五年以下的重罪，你們如果認罪，對方同意和解，我們可以給你們緩刑。」法官提醒這些被告。

「榮譽是軍人的第二生命，我沒有做的事情，我不能認罪。」上校義正辭嚴的說。

其他人也紛紛跟進，表明當時是因為被誤導，現在不願意認罪。

法官點點頭，「那我們就進入準備程序，請辯方決定要傳喚哪些證人與調查哪些證據。」

我要求法官，讓他們這些共同被告可以擔任證人，闡述當時發生的狀況。

一個月後再度開庭，這次是傳喚證人。即使隔離訊問，他們作證的內容都一致。當天，沒有人想要「竊取」木頭到營區裡，他們只是撿拾木頭，希望可以裝飾部隊，而指揮官對於這件事情，事先毫無所悉，事後也很無奈，只能讓他們擺到公共區域，以免有人私藏。

檢察官突然提示一段錄影畫面，「這是林務局拍攝的畫面，裡面有人看到車輛，所以刻意躲藏。請問你們，如果不是想要竊取木頭，也知道這是錯的，為什麼要躲起來？」

「因為我們是在上班時間外出，怕被看到影響軍譽，所以想躲起來。」其中一個士官說。

「但是上班時間為什麼可以外出？」檢察官理直氣壯的問。

上校覺得這個問題莫名其妙，「我們在山上值勤，什麼娛樂也沒有，又是二十四小時要戒備，幾個同仁經過我同意，在山裡面逛逛看風景，只要事情暫時告一段落，為什麼不行？」

法官沉默了許久，突然跟我們說，「如果你們願意認罪，我可以考慮給你們六個月的有期徒刑，但是如果不認罪，將來法院要是認定有罪，可能不會給你們易科罰金的機會，要進去監獄裡反省，要不要再考慮一下？」

我們面面相覷，因為看起來法院似乎已經有了決定。

我低頭問了上校，「要投降嗎？」我有一種屈辱感，就是共軍兵臨城下，參謀要求指揮官投降的那種感覺。

他低聲的說，「我一生受國家栽培，從軍報國，現在為了幾塊木頭，我必須要承認沒有做過的事情，真的辦不到。我寧願戰死沙場，也不會投降。」

我咬牙說，「報告法院，我們還是不認罪。」

法官點點頭，「那我們就依法判決了。」

戰爭結束了，不論是告訴人或被告，沒有人獲勝。而這場沒有意義的戰爭，究竟是怎麼開始的？

雌雄同體

難道想法跟一般人不一樣，就叫做不正常？
就算不正常，跟一般人不一樣就該被歧視嗎？

我仔細端詳著坐在我面前的這位客戶，這「不過」就是一件過失傷害的案件。

所謂的「不過」，就是一件小車禍，「他」騎著摩托車，在騎車時與對方發生碰撞，「他」沒有受傷，但是對方卻不幸發生腿骨開放性骨折。從車禍的性質來看，會衍生的訴訟就是刑事與民事的訴訟。刑事涉嫌過失傷害，民事則有損害賠償的問題。

那麼，為什麼說車禍事實上就是「小案件」？關鍵點在於鑑定報告。基本上，在車禍發生後，處理意外的警員會在三十天後，製作一份交通事故初步分析研判表，這一份分析表大概就已經決定百分之八十的車禍肇因；如果有任何一方不服則可以提出異議，要求行車事故鑑定委員會進一步鑑定，如果在台北市，則是由交通事件裁決所肇事鑑定課處理。不過，一般而言，翻盤的機會不大。

「他」就坐在我對面，我一直在想，「他」怎麼能這麼美麗？

是的，「他」的名字，就是個男生，但是他的長相以及打扮，卻不折不扣的是個漂亮的女孩子，除了骨架稍微大了一點、聲音略微低沉外，我應該會認為「他」是女孩。

他不好意思的看著我，「我知道我有點怪……」

我立刻打斷他的話，「不會。我覺得你可以表現出自己，這是一件很好的事情。不過，你的社會壓力應該很大。」我對正妹向來都是很友善的。

他淡然的笑了一下，「謝謝你。你果然是個好人。」

「你可否詳述一下當時的狀況？還有，我需要你的車禍事故初步分析研判表，結果是什麼？」

他攤開了一張表單，上面寫著，「主肇事原因：A車；次肇事原因：無。」意思是，我們要負全責。

我看著這張表單，大概知道這樣的訴訟很難處理。我請他詳細說明當時的情況，再來決定要不要覆議。

他穩穩的騎著車，正在行進中。他心裡沒想著什麼，大概也就是年關要到了，能不能多賺點錢回去，畢竟他想要盡快做變性手術。對他而言，錯置的靈魂裝在身體裡，已經有二十幾年，他希望可以盡快改變這樣的情況。從小他就被鄙視，「娘砲」、「娘娘腔」，都還是客氣的說法。有不客氣的長輩，甚至曾經直接當面說，「人不像人、鬼不像鬼，根本是人妖！」或者是「你爸媽是造什麼孽，才生出你這樣的孩子？」面對這樣的窘境，他很痛苦。他不斷的問自己，他犯了什麼錯？

一台摩托車快速的從他身邊經過，他感覺到左邊被他的車子重重的撞了一下，他想穩住機車，但是不論如何很困難。他的機車龍頭一直搖晃抓不穩，竟然不自主的往右邊跌跌撞撞的過去，跌倒在路邊。年輕男子騎著另一台較靠近路邊的機車，不知怎麼的，竟然也跟著跌倒，而且機車就壓在男子腳邊，他痛得大叫。

警方前來製作筆錄，事情就這麼發生了。

我皺著眉頭，手指敲打著桌面。車禍事故初步分析研判表對他不利，而聽他的過程描述，也聽不出任何有利的地方，這訴訟應該怎麼打？

「檢察官起訴了嗎？」我問。

「對，現在正在地方法院。」他說。

「你怎麼沒有去申請覆議？」我問。

「我不知道可以覆議。」他說。「而且，後來我知道以後，朋友都說，覆議也沒有用。」

我心裡嘟噥著，那請律師也沒用，幹嘛請律師？

「而且，我要先跟律師說明，我沒有錢請律師。」他怯生生的說。

「好吧，那你去聲請法律扶助。我還是願意幫你。」我不假思索的回答。

「我也沒辦法聲請法律扶助。」他的聲音更小了。

「啊？」，我的聲音反而變大了。「你沒有錢請律師，也沒有辦法聲請法律扶助？」

「因為我父親在台中有一塊地。」他說。

「那不能聲請是應該的。」我點點頭說。

「可是，我爸已經跟我斷絕關係了。」他哀怨的說，「他說我是他唯一的兒子，但是我卻只想當女兒。他不認我這個女兒，只認我是他兒子。除非我願意改變我的想法，否則這輩子他當作沒有我。」

「唉。」我嘆了一口氣，這是法律扶助在審查無資力時很大的問題。把父母的資產計算為請求扶助者的資產之一，很容易就超過標準。然而，在這個社會裡，父母一定會幫助子女打官司？我看大大的未必。這時候我突然發現，原來法律扶助基金會要扶助的對象，是緊密團結在一起的窮困一家人，至於分崩離析沒聯絡的「一家人」，是不在考量範圍內的。

「好吧。我想想怎麼辦。」我說。

「拜託你一定要接這個案件，我可以分期付款。」他說。

「你如果可以分期付款，那你就分期付款給這個被害人就好，直接和解，也就不必付律師費了。」我說。

「我不要！我沒有錯！」他說。「而且他的態度很惡劣！」

究竟有多惡劣，我馬上就領教到了。第一次審理程序，很快就開始。

台北地方法院的刑事審理程序，跟其他法院的程序略有不同。部分案件在刑事審理上，會先有審查庭，由被告決定是否認罪。如果認罪，可能就會改採簡易判決，也就是直接書面判決六個月以下的輕罪；如果被告不認罪，才會把案件移送給另一庭的法官審理。

我請他「盡量」穿著中性的服裝。

其實，在法院審理中的穿著打扮，是我相當重視的一部分。畢竟如果已經被認定是被告，結果穿著也像被告，感覺肯定不好。舉例來說，被控家暴，結果穿著花襯衫短褲，順便還露出右手臂的刺青，還沒開始打官司，可能就輸了一半。遑論穿拖鞋、嚼檳榔嘴巴不擦（更不用說進法院嚼檳榔）、戴墨鏡，通通都是打叉的裝扮。我建議他，至少穿個襯衫長褲，長頭髮就綁個馬尾，可以讓他看起來「正常一點」。

他，竟然穿連身窄裙與高跟鞋開庭！

他，明明看起來就是正常愛打扮的正妹而已，但是，我卻只能無奈的看著他的裝扮，然後問他說，有沒有衣服可以換？

但是我瞟了一眼他的水晶指甲後，我舉手投降。

法官疑惑的看著他，「你是本人嗎？」

他嬌羞的點點頭，「是」；我則是正眼睥睨著所有人，我的當事人就是女生，怎樣！

法官再度確認，「可是你應該是女孩子？」

我迅速的接話，「審判長，就是他本人。我確認過。」

庭上的書記官在偷笑，似乎在想，我怎麼確認？

法官只好無奈的說，「那就開始吧。」

我們走完儀式，檢察官簡單的陳述罪名，就是「如同起訴書所載」，法官扼要的告知這位「女孩」，他涉嫌過失傷害，並且把他法庭上的權利做基本的告知，接著就問他：

「這位先生，你是否認罪？」

他愣了一下，吞吞吐吐的回答，「我不是先生，我是小姐。」

法官笑了一下，「沒辦法，你身分證上的性別是男生，我還是只能這樣叫你。」

他不再爭辯，「我不認罪。我沒有錯。是他自己跌倒的。」

法官搖搖頭，「既然你不認罪，那麼我們就移送到下一個法庭去審理，你有沒有意見？」

我對他搖搖頭，低聲說，「沒有意見。」

他立刻跟著回答，「沒有意見。」

但是，坐在告訴人席上的被害人看起來很有意見，「審判長，這種人根本不會有和解的可能，我希望法官重判他。」

我似笑非笑的望著他，「哪種人？」

他轉了頭惡狠狠的瞪我一眼，「泰國的啦！」

「你是說？」我想要誘導他說出一些話。

年輕的檢察官制止他說話，「你沒有回答他的義務。」

氣死我了！我差點撈到兩個重要的字可以告他。

他又瞪了我一眼，果然沒再說話。

我把錄影光碟調來。這位同學運氣很好，他在碰撞的一瞬間，剛好路口有監視錄影機，所以我詳細的檢視光碟內容。幾乎定格播放。我們發現了一個重大的問題，也就是說，機車運動的先後順序，確實是先有第一台不明車輛呼嘯而過，第二台我們的車輛被第一台車碰撞以後，往右邊不自然的移動，接著關鍵點就是，我們的機車先倒地，接著第三台車倒地。然而，這差別非常小，幾乎就是一瞬間而已。

只是，這個一瞬間，已經讓我信心大增。我們決定聲請覆議。

覆議是個很有趣的場合。每個人約莫只能分到五分鐘，必須簡單扼要的把想講的關鍵因素向「委員們」報告。一般而言，想要簡報的人，大概要面對十幾個人上下，能不能講清楚說明白，恐怕對於善良老百姓就是很大的考驗了。

我和他坐在外面，他看起來就跟一般的女孩子沒什麼兩樣。還有一點時間，索性我們聊了起來。

「你都已經二十幾歲了，幹嘛不改名字？」我問。

「不要。拿著男生的身分證，卻是女生的名字，那不是更怪？」他反問我。

「也是。這樣找工作應該有不少困擾吧？」我問。

「何止一點，困擾可多了。」他說，「我根本沒辦法找到正常的工作。連應徵便利商店的工讀生，老闆都要我正常一點。」他頓了一下，「我很正常啊！難道想法跟一般人不一樣，就叫做不正常？還是你們把我們這種人都認為不正常？好啦，就算不正常，跟一般人不一樣就該被歧視嗎？」

「我覺得是不應該。但是，你應該很辛苦。」我笑笑說，反正我本來也就不太注重世俗的某些看法。

「也沒什麼。」他淡淡的說，「所以我只能在酒店上班，反正昏暗的燈光下，那些男人只知道我身材不錯，聲音低沉就是因為酒喝多了，他們也不會拿我怎麼樣。」

我點點頭，「那倒是。那你男友呢？」

「他，還不知道我的身體是男生。」他害羞的說。

「這？」我瞠目結舌。「怎麼可能？」

他低聲的告訴我一些祕密。然後說，「但是這也不是長久之計，所以我一定要趕快去變性。」

「你真的想變性？」我問。「可是這樣會讓你的壽命變短，而且你以後還是沒辦法在性生活上有真正的滿足，怎麼辦？」

「我沒有想變性，是你們想變性。」

他這句話讓我呆了半晌。「我之所以想變性，很大一部分原因是壓力。你們正常人給我們這種變態的壓力太大了，大到有時候我不知道誰才是真正的變態。」

我們都沉默了很久。

進去說明室以後，我很快的做了解釋。對十幾個人演講，根本難不倒我。我用定格的方式，一步一步的說明，到底初步分析表哪裡有錯。

我們過了第一關，我想。

漫長的兩個月過去了。法院已經開過一次準備程序庭，法官還是希望我們認罪，畢竟初步研判表顯示是我們有錯。我們主張針對這項先前的結果，已經進行覆議，而覆議的結果，應該很快就會出來。我們同時希望可以勘驗光碟，作為證據。

法官沒有表示什麼，畢竟交通事故鑑定，就像是醫療事故鑑定一樣，不會是法官或律師的專業，我們也只能等待結果。不過，他還是決定了第二次辯論程序的庭期。

在法院的刑事審理程序中，準備程序會比較冗長，開幾次庭不一定，取決於要準備調查的證據有多少。通常在準備程序的時候，陸續有證據浮現，法官的心證在此就會決定了。到辯論程序時，就是提示證據，交由檢辯雙方辯論，然而，這時候能改變的事情其實不多。法官大多是聽聽兩方的說法，找尋對自己的心證相同的支持點而已。

所以，第二次就是辯論庭，讓我很憂心，如果覆議結果還沒有出來，代表將來的辯論，將會以研判表為主。

我有自信可以用監視攝影機光碟逐步定格的方式，重新向法院說明，但是我還是問他，有沒有其他證人或證據，可以在覆議結果還沒有出來的時候，讓我可以提示給法官參考。

他想了很久以後，給我一件外套。這件外套是當天他穿的外套。

「我不知道這件外套有沒有用，但是我真的找不到證人，而且當天他的車子還壓過我的衣服。」他苦笑。

另外，我們還是持續催促覆議結果。

辯論程序當天，我帶了外套過去。

我們勘驗完光碟，法官要檢辯雙方陳述意見，檢察官沒有意見，但是我瞥見告訴人不安的眼神，畢竟過去從來沒有這麼詳細的定格解說。

我把準備好的外套帶出來，上面還留著胎痕。

「從監視錄影畫面及監視錄影照片可知，被告係因A車駕駛突然擦撞，導致被告在短短兩秒鐘內即彈飛至路旁，並經告訴人輾過，而告訴人在輾過被告衣物後，始發生跌倒受傷之情況，被告在彈飛的過程中，全無碰撞告訴人機車或碰撞告訴人，告訴人所述與事實不同。且倘若如告訴人所述，被告有碰撞其或其機車，依一般常理，被告由告訴人左側碰撞後，應倒臥在告訴人之左方，但是從畫面所示，被告當時係倒臥在告訴人右方，且被告衣物有遭告訴人機車輾過之痕跡，被告並沒有碰撞告訴人或告訴人機車之可能，告訴人所述顯然悖於常理。」我停頓了一下，「更何況，本件縱然如同告訴人所稱，告訴人係因受被告機車碰撞而導致其跌倒受傷，惟被告乃因遭A車碰撞後，機車失控彈飛撞及告訴人騎乘之機車，此間僅有短短兩秒時間，被告對於此一碰撞之發生，應無預見及防止之可能，被告並無過失之處。」

書記官快速的打著字，除了鍵盤敲打的聲音外，一片安靜。

法官翻動著那件外套，問了告訴人，「律師說，這是你的車子胎痕，你對於被告的說法有意見嗎？如果有意見，我們就要送鑑定，你要把你的摩托車帶來。」

他搖搖頭，閉上眼睛不說話。

辯論程序終結，法官定期宣判。

判決出來十天以後，我們的覆議結果也出現了，鑑定結果推翻先前的初步研判表，我們沒有過失。

對方沒有上訴，而我們也沒有再聯繫。某天在某個應酬的場合，我又看到他，對我俏皮的眨了眼睛。

「存夠錢了嗎？」我低聲問。

「先還你錢再說吧！」他淺淺的笑。

無罪的罪人

有罪？無罪？
存在於法條中，還是人們的心中？

同事們一直搞不懂，這個人怎麼會坐在調查局裡，而且罪名竟然是貪污。

十年前，他進了這家全國最大的國營企業當約聘員工，因為他的認真與努力，上級逐漸委派他處理驗收機器的工作。他，忠厚老實，沉默寡言，從來不去任何風花雪月的場所。他的家庭很正常，結婚二十年的妻子、念高中與國中的孩子。一家四口，住在租來的公寓中，雖然偶爾會拌嘴，但是一家人團聚，是他最愛的時刻。

他每天上班以後，就接受上級的指派前往驗收廠商的機器，他負責的部分很簡單，就是清點數量而已。下班以後，鮮少跟同事打交道，喝了一杯啤酒就會臉紅，三杯黃湯下肚可能就會暈眩。有一次他生日，同事特地買了蛋糕給他，隔壁桌的老陳起鬨，要新來的女同事獻吻，他連忙搖手拒絕，但是害羞的女同事，已經被推到他旁邊，輕輕的碰了他臉頰一下。

當天晚上，他就回家跟老婆報告，整晚都覺得輾轉難眠。第二天，他立刻就申請調部門，長官當場拒絕，只留下滿地的笑聲。

他就是這樣的人，要是說他會貪污，沒人會相信。

但是，他就是坐在這裡了。

調查局的調查官，把厚重的卷宗摔在桌上：「別人都認了，你不要浪費我們的時間！」

他，真的不知道該認些什麼。不過就是吃頓飯嗎？

那天早上，他像一般的工作日一樣，到辦公室打卡後，準備出門清點公司要採購的商品數量。這次的出差相當單純，就是他跟幾個同事，一起到客戶的公司那裡，幾個人分別負責不同的查驗項目。他負責的部分是數量，其他人分別是外觀、功能等，相對而言，他的工作算是簡單，也是例行性工作。雖然數量不少，但是一天內應該可以清點完畢。

他們搭乘公務車，到客戶公司那裡。這一行有四個人，分別是開車的老張、檢查功能的老陳、檢查外觀的小林，以及他。沿途老陳不斷的高聲談笑，講述他跟客戶去酒店的軼事。哪個女孩胸部大、哪個女孩特別難約，老陳對她們如數家珍。小林是個年輕人，進入國營事業才不久，哪裡會聽過這麼多「有趣」的「軼事」，因此兩人不斷的有說有笑。他則是閉目養神，準備等會開工。

到了現場，負責人親自在門口迎接，還有其他幾位高階主管也站在門口畢恭畢敬。「他們公司的主要銷貨對象就是這家國營企業，難怪他們會盡心巴結。」，他想。不過他沒多說什麼，下了車以後對他們微微點頭，負責人指派了一位老職員陪他清點，另外一名年輕貌美的職員則是陪伴小林，左一聲林哥，右一聲林哥，哄得他心花怒放。老張到了司機休息室，那裡有按摩椅、咖啡、茶與許多的點心。至於老陳，則是直接由負責人陪同，到檢驗室查看數據。他看著負責人跟他勾肩搭背，似乎在討論中午到哪家酒店吃飯後，續攤玩「下午場」。

「下午場？又不是去看電影。何況，我們什麼時候中午就可以下班了？」他心裡直犯嘀咕。

他進入倉庫，一絲不苟的針對每一箱成品進行抽檢，也逐一按照程序簽名。在貨品的搬上搬下中，不知不覺已經到了中午。那位晚娘臉的老職員，拿了個滷肉便當給他。他客氣的跟她拒絕了，因為老婆已經有準備愛心便當給他。中午吃完飯以後，他伸了懶腰，準時在兩點開始上工。他的速度相當快，心想，今天應該可以清點完畢。果然，不到下午五點，所有的貨物數量都已經登錄在報表上，而且經過公司職員簽核無誤。他心想，工作果然準時完成了。

但是，老陳與小林呢？已經沒看到他們，只剩下司機老張在打盹。

他把老張搖醒後，問了他這兩個人的行蹤，畢竟他第一次跟他們搭配，不是很確定是不是要自己回去。老張露出了神秘的笑容，告訴他，他們「應該」在吃飯。

吃飯？才傍晚五點多就在吃飯？老張還說，他們從中午吃到現在呢。

他心裡有些疑問，不過畢竟是別人的事情，他也不好說，然而畢竟這個廠房非常偏僻，看起來沒辦法叫到計程車，所以他直接請老張帶他回去。但是，負責人滿身酒氣、滿臉通紅，就在這時候出現了。

「工作辛苦了。」負責人問。「要不要跟我們去吃飯？」

「不了，老婆跟孩子在家等我吃飯。」他婉轉的拒絕。

「哎，也別這麼客氣。兄弟，辛苦一天了。更何況，老張也要一起去。」，他停頓了一下，「這裡可是很難叫計程車，反正都差不多時間了。」

他沉思了一晌，老張連連點頭。反正工作已經做完，也已經簽名畫押，就跟他們去吃頓飯也好。

「好，我們就去吃飯，但是不要太晚。明天還得上班。」他說。

負責人堆滿笑容，「就這麼辦，你就搭老張的車，一起過去牡丹園吧。」

「牡丹園？」他想。「哪會有餐廳叫這種名字？」

他們到了這家「餐廳」。然而，建築物外觀看起來一點也不像餐廳。門口是皮製高級路線，還有幾名壯漢，無所事事的看著他們，雖然天色已暗，但應該是時間還早。負責人熟門熟路，笑吟吟的把他帶進了「餐廳」。

他並沒有注意到，餐廳旁不斷閃爍的霓虹燈，掩蓋了幾次的閃光燈。

原來，「餐廳」內別有洞天。穿高衩旗袍、說著不標準國語的年輕女子，連忙說「歡迎光臨」，在一間包廂的大圓桌內，小林已經醉倒在沙發上；而老陳仍兀自的在跟酒女划拳。他覺得渾身不自在，坐在那裡，喝了幾杯酒，吃了幾口菜就想走。然而老張似乎也樂在其中，跟他們一起稱兄道弟，好不開心。

旁邊的年輕女子不斷的勸他喝酒，但是他只抿了幾口。菜也沒多吃，一心只掛念著什麼時候要回去。

終於，時間也差不多，他告訴負責人，一定得走。負責人拗不住他的不斷請求，只能指派公司一名職員，幫他與老張代駕，把公務車開回公司。一出大門，在旁等待已久的攝影機又再度有作用。負責人親自送他們到門口，勾肩搭背，好不熱鬧，酒女還在旁攙扶老張，老張直說，下次還要來！

一週後，調查局到辦公室搜索，把他們全部帶到工作站偵訊。

調查員指著這些照片與攝影光碟，要他指認老張、老陳與小林，還有他們到的餐廳，環境如何、消費若干？他其實只能指認，其他都是瞠目結舌，完全無法回答。然而調查員卻認為他避重就輕，毫無悔意。

「你跟他們是一夥的吧？」調查員說，「藉由查驗採購貨品的權力，勒索廠商吃喝，你們也真夠大膽！」

「我沒有！我跟他們不是一起的！」他驚恐的答辯。

「不是的話，這些照片你要怎麼解釋？」調查員問。

他無法解釋，他確實從那裡進去，從那裡出來。

他很快的就被檢察官起訴，涉嫌違反「貪污治罪條例」，最重可處無期徒刑。

就這一頓飯，他原本不願意吃的飯。

他來找我的時候，滿臉愁容。其實我並不認識他，他也不是朋友介紹，當然更不是上網而來。我問他怎麼找到我，他說，「問神明。」

關於問神明這件事情，我也不好深究。所以我只能先瞭解案情，然後準備閱卷，並且提出答辯。

「律師，如果認罪可以緩刑，我願意認罪。畢竟我吃了這頓飯。」他惶恐的說。

「認罪可以緩刑？應該機會甚微。認罪大概可以讓你有關四年的機會，畢竟價值不高，這頓飯『只有』四萬多元。」我說。

「我已經繳回去了，全部我都付清了。我老婆把她的金飾拿去當，還給了國家。」他急忙說。

「繳回犯罪所得、自白認罪是都可以減刑，但是恐怕還是不容易拿到緩刑。」我說。「可是」，我脫口而出，「你應該是無罪啊！幹嘛拿緩刑？」

所謂緩刑，是在沒有犯罪紀錄的前提下，因為判刑在二年以下，所以可以宣告暫緩執行，稱之為緩刑。緩刑的期間從二年到五年不等。緩刑期間一旦經過，就不用執行。

他嘆了一口氣說，「我有去喝酒吃飯，也不應該去那種地方。所以我認為我應該是有罪的。」

「不是你認為自己有罪就是有罪，好嗎？」我說。「你在道德上，或許值得批評，因為確實不應該跟採購廠商去吃飯，就算有必要去，也應該要跟政風處報備。但是，道德上有些許瑕疵，不代表你有罪。」

「可是我在檢察官那裡都已經承認我有罪。」他問。

「那是因為你不懂法律。貪污治罪條例中，規範的行為必須是有期約或對價關係。換句話說，如果你根本沒有事先跟他有約定，或者是藉由這頓飯來放水，那麼應該是沒有問題的。更何況，他們想抓誰，其實我很清楚。」我說。

「誰？」他很疑惑。

「老陳。他應該早就被盯上了，只是那天你一起陪同而已。」我說。

「律師，還有一個為難的地方。我沒有錢付給你。」他看起來真的很不好意思。

一個看起來可以當我叔叔的男子，跟我說這樣的話，我只好忍痛說，「你去找法律扶助基金會，他們審核你的案情與資力後，你可以指定我當你的辯護人。不然法院也會指派公設辯護人給你，一樣不用花錢。」

法律扶助基金會，是由政府捐贈成立的單位。如果符合基金會所規定的資力審查，確實沒有能力支付律師費，基金會將協助當事人支付律師費，但是大約只會支付接案律師一般收費的三分之一到五分之一左右。

我的耳邊響起：「我的心痛痛痛進心裡。我的眼淚流不停。」這首歌的旋律，彷彿華健正在安慰我。這個月已經接了五件法律扶助案件，我一定會被員工嫌棄，叫我賠錢貨。

幾天後，我們完成了閱卷。果不其然，卷宗大概有十餘宗，但是跟我們相關的不過寥寥一卷而已，其餘的部分，都與老陳有關。我們把全部的卷影印回來。

「不要擔心，我會聲請傳喚負責人，請他當你的證人，為你作證。」我說。

「他會幫我嗎？」他擔心的問。

「他不需要幫你，他只要講實話就好。」我篤定的說。

當天開庭，總共訊問三位證人，其中一個就是負責人，其他兩位是客戶公司的同事。他們同時也是行賄罪的被告，而且，我們在排序證人的時候，我特別請求法官，將他跟老陳排在一起出庭，一起訊問證人。

「律師，你的用意是什麼？不用事先跟他打個招呼或溝通嗎？」他問。

「完全不用。開庭的時候你就知道了。」我說。

由於負責人擔任證人，總共有我與老陳的辯護人一起進行主詰問，所以前提問題都由老陳的辯護人處理，例如任職多久、工作內容等等，他都先問完了。至於老陳案情的部分，他也問了相當久，所以剩下關係到我們案情的部分，就由我詰問，而也都已經快到中午時間。

「請問證人，你前一天有沒有跟被告通過電話？」我問。

「沒有。我一直到當天早上才知道他來。」他回答。

「請問你知道被告負責什麼檢驗的工作嗎？」我問。

「他負責貨品的數量清點。」他回答。

「數量可以在主觀上挑剔嗎？也就是說，他可以片面主張你們的數量不夠，而你們清點以後的數量卻確實夠？」我問。

「不可能。因為有就是有，沒有就是沒有。數量很客觀的，沒辦法刁難。」他回答。

「請問你當天有沒有跟被告說過話？」我問。

「只有打招呼，沒講過其他任何話。」他回答。

「你何時告訴他要去吃飯？」我問。

「直到他簽完報表以後，我才開口跟他邀約吃飯。」他回答。

「請問報表他有更改過嗎？」我問。

「沒有。」他簡短回答。

「好，我沒有其他問題了。」我向審判長說。

意料之中，檢察官對於我的問題，幾乎沒有反詰問，而全部圍繞在老陳的不法行為上。甚至審判長之後的問題，也都在討論老陳到底去了幾次酒店。

負責人問完以後，審判長先請我表示意見。

「根據證人之證詞，顯示被告所檢驗之行為，係客觀上無法主觀挑剔之數量，是以被告不可能藉勢藉端要求證人為其買單；況且被告係於工作完成之後，方知負責人要邀請其吃飯，又無更改報表之情事，是以兩者間並無對價關係，請鈞院賜予無罪之判決。」我一個字、一個字的確認筆錄上的記載。

審判長點點頭，示意要我們先離席。「剩下來的證人與你們無關，可以先走了。」

出庭後，他還是很擔心。「我不認罪會不會有問題？」

「唉，你唯一的問題，就是在檢察官前面認罪！」我嘆了一口氣。

他緊抓住我的手，「謝謝你。我真的不知道這樣是有罪的。」

「你還說！你是無罪的！」我又好氣又好笑的說。

有罪？無罪？存在於法條中，還是人們的心中？這個問題，一直在我心中盤旋不去。

給你們

人生，許多的情節，
不都是許多的巧合所造成的荒謬嗎？

她靜悄悄的走出家門，老伴沒有在她身邊，好像是去運動了吧，她想。早上老伴還問她，要不要一起出去走走，但是她拒絕了，面對那些看起來熟悉卻又陌生的街坊鄰居，她其實內心裡很害怕。

她也不知道能去哪裡，昨天晚上失眠一夜，心裡很不踏實，還是出門逛逛好了。

她搭上公車，坐過了幾站，突然想下車，但是下車以後，卻發現街景對她而言好陌生，她又想回家了，只是她很猶豫，回家的路究竟是哪一路公車？應該到對面搭車？還是繼續剛剛的旅程？她的心緒有點亂，只能漫無目的的往前走，接近夏天的街頭，有點炎熱，她走到了水果店門口，想要買西瓜止渴，於是拿了一小袋切片好的西瓜。

然後，往外面就走。

走出店門口幾步路，店員叫住她，請她要結帳。但是，她突然對於結帳這件事情有點困惑，況且身上除了一張敬老卡，什麼也沒有。店員詢問她的姓名與家裡電話，想要聯絡家裡，但她卻越來越慌，連續講了三次都不對。店員只好打電話請警察來，順便把她沒有經過同意，就把一包西瓜帶走的「犯行」告訴警察。警察問她話，她卻不知道該怎麼辦，只好把她帶回警局偵訊，透過她的姓名，找到戶籍地以後，終於通知到她的老伴。

她的老伴在半小時後，上氣不接下氣的走進警局，不知道他的愛妻怎麼了。

「竊盜罪」，警方無奈的說。「我們接獲竊盜罪的報案，已經做好筆錄跟報案三聯單，這部分恐怕只能依法處理。」

「我太太年紀這麼大了，一定有什麼誤會，可不可以讓我問一下她。」老先生苦苦哀求。

警方讓他跟太太見面。

「水某ㄟ（美麗的老婆），妳洗安抓（你是怎麼了）？」老先生急得用台語跟他老婆說。

「我也毋知影（不知道）啊！」老太太喃喃自語的說，「你都沒有陪我，我忘記家裡電話了，又不知道怎麼回家。」

兩個老人家老淚縱橫，就在警局裡哭了起來。

一位年輕的警員過來說，「阿公，這是公訴罪，因為店家已經報警，我們也只能依法處理。但是放心，應該是沒事的，你要不要我們幫你聯絡家人？」

「我兒子跟女兒等一下就會過來，沒事。」老先生擦擦眼淚。「一定要把我太太抓去關嗎？」

「不會啦！我們做完筆錄以後，會送阿嬤去地檢署，簡單問完就會讓你們回去了。」警員說。

檢察官確實沒問什麼，但是老太太堅持，她當時並沒有偷竊，她只是忘了付錢而已。檢察官無可奈何，在問完話以後，就讓她跟家人回去了。

幾天後，他們全家齊聚一堂，但是地點在我的事務所。

我大概知道了情況以後，用台語問了老太太，「妳記得當天發生什麼事情嗎？」

「我不記得了」，我注意到她不斷的舔著嘴唇。「我只記得我走進一家店裡，拿了水果要結帳，接著我什麼都忘記了。」

我皺著眉頭，似乎抓到什麼，但是又不確定。

「如果我沒有猜錯，阿嬤的狀況應該是生病了，對不對？」我問兒子。

兒子艱難的點點頭，「我媽有重度憂鬱症跟輕微的阿茲海默症狀，必須要吃藥才能控制病情。」

「她吃的藥是？」我問，心中恍然大悟，「所以她才會一直舔嘴唇，因為吃藥以後口會乾？」

他點點頭。

老先生很焦急的看著我，「她會被抓去關嗎？」

我笑了，「她當然不會被關。你放心。」

《論語》有云，「一言喪邦，一言興邦」，許多時候律師扮演的角色，是毒藥，也會是鎮定劑。舉例來說，我曾遇過律師向不懂法律的「凡人」說，「你如果不撤告，將來不起訴，就會有誣告罪，七年以下有期徒刑喔！要關七年啊！」

是看到鬼喔！不起訴不代表就是誣告，況且誣告一般也頂多判四個月上下，什麼時候會判七年了？我只要聽到那種恐嚇的言詞，就會火冒三丈，然後跟當事人說，「就算不起訴，也不一定會是誣告。我說沒事就沒事！」

我一直不知道，我自己的話有這麼大的威力，直到有天一位網路上諮詢的老媽媽跟我道謝，我才知道自己救了她。她說，對方借錢不還，她告這個人詐欺，後來不起訴處分，對方派律師告訴她，如果不把債務一筆勾銷，就要告她誣告。「七年喔！要判七年！」

她當天晚上就想自殺，但是打電話給我以後，我的一句話讓她終於可以睡覺，這句話我其實自己都忘記了：

「放心啦！誣告不會成！要是真的成了，我陪妳進去關！叫那個律師打給我，他騙妳的！」我說。

她說，她也知道我不會陪她進去關，但是我都這麼說了，肯定沒事，她打消自殺念頭。

就像現在，全家人露出放心的表情。

不過，老先生還是憂心的問我，「律師，那麼我們到底要怎麼處理這件事情？」

「我們先跟水果行和解，另外，我們去聲請病歷資料，證明她的精神狀況不好，我會想辦法。」我肯定的說。

「好！這部分我來處理。」兒子自告奮勇的說。

「但是，我真的覺得我太太沒有偷東西。」老先生問，「難道不能無罪嗎？」

我搖搖頭，「這很困難。畢竟我們確實沒有帶錢，而且拿了東西就走。除非我們能證明您太太當時的精神狀態不好，就可以免除罪責。但是，光憑病歷是不夠的，這只能證明您太太有這樣的疾病而已，但是有憂鬱症或是阿茲海默症的病患，不見得就一定會如此，那麼我們如何能無罪？」

他嘆了一口氣，「我只是不希望她有前科。」

「前科？前科又不能當飯吃！」我笑了。「沒事的，我們努力看看！」

開庭當天，老先生緊握著老太太的手，兒子當然也在身邊。

「阿嬤，妳會緊張嗎？」我用台語明知故問。

「我已經兩天沒有睡覺了。」阿嬤說。

「不要緊張，檢察官人很好，她問我們幾句話，妳就沒事可以走了。」我說，順便拍拍她的手背。

我轉過頭去問她兒子，「和解書有帶來嗎？診斷證明呢？」

「有。其實他們並沒有為難我們，只是因為已經報警，他們也沒辦法停止訴訟過程。所以我去找他們以後，很快就簽和解書給我。」他說。

我把診斷證明書與和解書接過手來，略微看了一眼，病因記載得很詳實，甚至還有阿嬤記憶力減退的描述；至於和解書，上面雖然沒有載明和解金額，但是被害人確實明白表示原諒這個老人家，不會追究。

時間已到，我牽著老太太進入偵查庭，他們在外面等候。

檢察官看了我們一眼，她是個年輕的小女生。

我安排老太太坐在電腦螢幕前面，自己則是坐在後面的辯護人席。

檢察官看著老太太，開始問她的基本資料。

「請問被告的姓名、出生年月日、戶籍住址？」她用國語開始做人別訊問。

「報告檢座，她應該聽不懂。」我說，「容我簡單幫您重述一遍可以嗎？」

她愣住了，因為她似乎不會講台語。

「阿嬤，妳叫什麼名字，幾年幾月幾日出生的，妳住在哪裡？」我用台語重新「翻譯」

一次。

「我忘記了。」她看起來很緊張，但是語調卻異常的緩慢。

我只好無奈的請檢察官直接核對她的身分證資料。

「阿嬤，妳今天因為涉犯竊盜罪，妳可以保持沉默，無須違背自己意思陳述，可以選任辯護人，可以請求調查對妳有利的證據，這是妳的權利，妳聽懂了嗎？」檢察官刻意放慢速度說。

「阿嬤！檢察官的意思是說，妳可以不要講話，也可以拜託檢察官幫妳調查證據，妳也可以找律師來陪妳，這樣有瞭解嗎？」這次我乾脆直接翻譯，不詢問檢察官了。

檢察官看了我一眼，沒多說什麼。

她盡力用蹩腳的台語跟她對話，「阿嬤，妳有沒有在那天到水果行拿走一包西瓜？」

我忍住笑容，「報告檢座，我們認罪，只請求給我們職權不起訴的機會。」

所謂職權不起訴，俗話稱為「微罪不舉」。也就是說，如果被告侵害的法益很微小，在避免浪費司法資源的情況下，徵求被害人同意以後，被告的犯後態度又坦承不諱，檢察官就有權限可以給「不起訴」的待遇，這稱之為「職權不起訴」，雖然名稱與意義上與不起訴還是不同，但是實質效果都是一樣，也就是「不起訴」，也不像緩起訴還有觀察期的設計。

「太好了。你們同意認罪，已經和解了嗎？」她問。

我把和解書的正本呈給檢察官，「是的。已經和解，而且這個阿嬤她的精神狀況不太好，犯罪金額又小，我們希望可以給我們職權不起訴的處分。」

這時候，老太太突然在椅子上嚎啕大哭，「我不是故意的，我真的不是故意的，拜託妳，拜託妳……」

我從後面的辯護人席次站起來，走到老太太身邊，輕輕的握住她的手，「沒代誌（沒事）、沒代誌（沒事），我們馬上就回家了。」

「我就不知道什麼事情啊！對不起，我不是故意的。」她似乎在宣洩壓抑已久的情緒，哭聲讓我聽了都心碎。

我拍拍她的手與肩膀，輕輕的搭住她，希望能給她一點安全感。「檢座，妳也看到了！」我苦笑。

檢察官也很無奈，「阿嬤不要難過，沒事了，等等簽完名妳就可以回去了。」

「給你們困擾，對不起啦！」在我的安撫下，她慢慢止住哭聲。

我們在筆錄上簽完名，我摟住她，陪她走出去。

老先生看著她的臉上還掛有淚痕，還不知道發生什麼事情，「律師？沒事吧！」

「沒事！有事的是這件事情本身，在這件事情裡，沒有人做錯，但是一連串的陰錯陽差，卻造成了一個過程荒謬、結局無奈的故事。」我無奈的說。

但是看著老先生深情擦拭著老太太的眼淚，我突然覺得「執子之手，與子偕老」的畫面果然好美。

人生，許多的情節，不都是許多的巧合所造成的荒謬嗎？就像是蒙太奇手法剪成的電影一樣。

酒後的心聲

被告有時候認罪，是因為不懂所以認罪。
難道有客觀事實，就一定會構成犯罪嗎？

他拿著簡易判決書來找我，「公共危險罪，處有期徒刑四個月，併科罰金五萬元」，愁眉苦臉、一籌莫展。

「我覺得是略重了點，畢竟不是累犯，也沒有造成傷亡。」我說，「然而酒後駕車就是不對，你不知道酒後駕車造成多少遺憾嗎？」

「我知道，但是……」他膽怯的似乎想說些什麼。

「不用說了。」我粗魯的打斷他的話，「基本上，四個月有期徒刑，以一個月三萬元計算，易科罰金約為十二萬元，加上五萬元的罰金，大約是十七萬元。另外，交通違規的罰款應該可以相抵，這樣的金額雖然略高，但是至少給你一點教訓。」我停頓了一下，「況且，如果你請律師幫你辯護，花了錢以後，又不一定可以減免多少，就算減少兩個月，免去罰金，說不定也就差不多是這樣的律師費用。最重要的一點，還是在於請了律師，也不見得可以減免刑責。」

他點點頭，輕聲的說，「我知道你的意思，但事情不是這樣的。」

我挑高了眉頭，「嗯？請說。」

「兩個月前的某天晚上，我跟朋友一起聚餐，大概喝了半瓶的高粱酒，大概十一點結束以後，我就跟朋友一起走路回家，我朋友確認我進家裡後，他們才離開。」他說。

我差點沒跌破眼鏡。「走路回家被臨檢？然後涉嫌公共危險罪？到底是警察喝醉還是你喝醉？」

「都不是。」他苦笑。「我回到家以後，衣服都沒換就直接回房間睡覺，第二天起床，還是頭痛，只是說，我堅持吃完頭痛藥，還是要去工地工作。」

我開始有點興趣了。「接著？」

「我是個水電工人，有做才有錢。那天在三重有個工地，所以我九點多先騎車到工地工作，忙了一個多小時，小工程處理完以後，我要到另一個工地去上工，但是就在路上等紅綠燈的時候，警察騎車經過我身邊，要看我的身分證。我跟他說話的時候，他突然說，覺得我身上有酒味，要我做酒測，我嚇傻了，心想怎麼可能！所以我坦然讓他做酒測。」他接著說。

我點點頭。

「測出來的酒測結果，竟然是零點二五，也就是最低標準！我就被當場移送法辦，現行犯當場逮捕。」他很無奈。

「我認為你無罪。」我嚴肅的跟他說。「你要爭取的，不應該是減輕刑度，而是主張無罪，我認為你並沒有犯意。」

「無罪？我沒想過。」他膽怯的說，「我以為酒後駕車就是不對。」

「重點是犯意。你都已經睡了八小時，還可以上班工作。如果法院認為你有罪，那麼豈不是要求每個喝酒的人，第二天早上都要自備酒測的工具，測完以後才能開車或騎車？」我解釋著。

他點點頭。

「那麼，我們上訴吧。」我說。

法官似乎很訝異，我們會聲請開庭。一般而言，檢察官聲請簡易判決的意思，大概就是因為當事人可能已經認罪，所犯的刑期又可以判處六個月以下，因此為了節省司法資源，直接請法院審酌書面證據判決，不用開庭審理，讓被告與法院都可以比較省事。

但是，有些時候，未免也「省太大」。事實上，判決的法官，究竟有沒有詳查，這個人是因為明知故犯，還是或有冤抑，這是相當值得探討的問題。況且，被告有時候認罪，是因為不懂所以認罪。難道有客觀事實，就一定會構成犯罪嗎？當然不是，刑法上還要求要審酌主觀上，「有意要讓犯罪事實發生」的「故意」，或者，至少要有「即使犯罪事實發生，也不違背自己的本意」的「未必故意」。

在本案，法官是否有審查這個人為什麼在早上十一點多會被臨檢？為什麼會酒測值被測出超標？他前一天做了什麼？他是從事什麼工作？這些問題，難道都沒有進入這位法官的腦海裡？

大家知道台東監獄為什麼空間不夠嗎？因為原住民酒後駕車的情況頻繁，而他們無力繳納法院給他們的所謂「德政」：易科罰金。酒後駕車不好，但是有沒有法官想過，依法裁判的界線在哪裡？

「被告上訴理由為何？」法官在宣讀完被告的三項權利以後，問了這句話。事實上，他的「三項權利」宣讀，除了犯罪老手與律師以外，「新手」應該聽不懂，因為他很快速的唸過去。「你可以保持沉默、無須違背自己意思而為陳述；可以選任辯護人，如果是原住民或中低收入戶，可以請求法院指派辯護人；也可以請求調查對你有利的證據，以上是你的權利，瞭解嗎？」以上一分鐘以內不斷氣講完。

見鬼了，最好是很緊張的被告知道台上的「大人」在說什麼。你的雲淡風輕、萬里晴空，大部分時候可是被告的雷霆萬鈞、晴天霹靂，就不能慢慢的把三項權利詳細講解嗎？

他看著法官，「我有喝酒，但是前一天晚上喝的，我如果有喝酒，一定不會騎車，但是我不知道前一天晚上喝酒，白天也不能騎車」。基本上，在開庭前，我就已經跟被告溝通過，他只要負責講出事實就好，至於法條與法理的部分，就由律師來論述。被告如果當庭可以論述主觀構成要件這麼艱澀的法律名詞，對於判決而言，不會是好事。

「所以你否認犯罪？」法官問。

「是的，我真的不知道經過了八小時以後，睡一覺起來，都快到中午了，還會有酒測值超標的問題。」他肯定的說。

「那麼，我們就進行準備程序。」法官也不囉唆，「請問對於檢察官所提示的犯罪證據，被告及辯護人有無意見？」

接下來的程序，往往是造成被告與辯護人之間產生誤會的原因。因為在詢問證據能力時，大部分的時候，辯護人都回答「沒意見」，而被告就會質疑辯護人，「老子花大把鈔票請你來辯護，就是來說『沒意見』三個字？」

所謂的「證據能力」，就是在警方與檢察官調查時，所起獲的證據，能不能當作判刑的依據。一般而言，律師會對於警詢與檢察官偵查階段，不利於被告的證人證詞，認為沒有證據能力，因為可能會有偏見與誘導。但是其他客觀的證據，除非是因為刑求逼供所取得，否則律師不會隨便否認證據能力。要是所有證據都否認有證據能力，法官可能會對於被告與辯護人「另眼相看」，判決理由中，應該會好好修理被告。因為，沒有意義的否認，肯定是浪費司法資源。然而，當法官詢問律師，「對證據能力有無意見」，律師大部分都回答，「沒意見。」也肯定會讓被告對律師很有意見。

本件案情單純，而且也跟當事人事先溝通過，所以我對於證據能力部分，都很放心的說：「沒意見」。一直到聲請調查證據部分，法官問我，有什麼證據要聲請調查，總算有我用武之地。

「我們希望聲請傳喚前一天晚上一起喝酒的朋友、第二天叫被告起床的老婆，以及一起工作的同事。」我一口氣說，「待證事實是，被告在前一天晚上飲酒後，不論在家或是起床後，甚至到工地，都沒有喝酒。」

法官平淡的問，「檢察官對於辯護人所傳喚的證人，有沒有意見？」

檢察官立刻表示，「我們認為沒有必要傳喚證人。就算這些人可以證明被告都沒有喝酒，被告被檢測出酒測值超標仍然是事實，同樣符合構成要件。」

我想，他是個盡責的檢察官。但是，犯罪的構成要件，除了客觀外，還有主觀的犯意，卻也是不爭的事實。我正想開口，法官就說話了，「對於是否有必要傳喚證人，將由合議庭評估，那麼本件就先候核辦」，所謂候核辦，就是指不當庭決定下次庭期，等待三個法官決定是否傳喚證人以後，再通知被告前來開庭。

果然，法院還是決定傳喚證人，他知道這消息之後雀躍異常，「總算有機會了。」他說。

我搖搖頭，「別太開心了，說不定只是想讓你死心而已。」

第一個上場的證人，就是那位跟他一起喝酒的朋友。

「請問證人，那天晚上你是否與被告一起喝酒，大概喝了多少？」我問。

「我們兩人大概喝了一瓶的高粱酒。」他說。

「喝到幾點左右？然後你們如何回家？」我問。

「大概晚上十一點多，我就陪他走路回家，一直確定他到家門口，我才自己坐計程車回家。」他說。

「我沒有問題了。」我說。

法官似乎很訝異，主詰問不過就花了一分鐘上下。不過這是當然，我並不需要問證人，他們到底喝了什麼樣的高粱酒、有沒有喝到假酒、走路回家時到底在聊女人還是聊事業。

在反詰問時，檢察官只問了一個問題，「請問你們那一瓶高粱酒，你喝了多少？他喝了多少？」

「各一半吧！」他說，「我酒量比他好，但是那天我們喝的量差不多。」

接下來是他的太太，她看起來很緊張，但是為了她男人的清白，她還是只能上陣。

「請問證人，那天晚上妳是否在家等候老公？」我問。

「異議！」檢察官說，「辯護人有誘導證人的情況。」

「請辯護人修正問題。」法官糾正我。

我聳聳肩，「那天晚上，妳是否在家？」

她回答，「那天我知道我老公跟他朋友喝酒，我沒有刻意等他，但是十一點多，我確定還沒睡。」

「結局不是一樣?!」我心裡暗罵一聲。不過，這是檢察官的職責，無所苛責之處。我的問題確實應該更小心一些。

「那天晚上回家以後，被告有沒有再喝酒？」我問。

「沒有。回家以後，他就睡覺了。」她回答。

「被告的睡覺時間是幾點？」我問。

「就是十二點左右吧。」她答。

「被告幾點起床？」我問。

「大概快八點，他刷牙洗臉以後，就騎車去上班了。」她說。

「沒有問題了。」我對法官說。

換檢察官反詰問。「請問證人，被告起床以後，妳有聞到他身上的酒味嗎？」

她似乎沒預料到檢察官會問這個問題，她遲疑了一下以後說，「沒有。」

檢察官嚴厲的眼神看著她，「妳要想清楚，是沒有還是不知道，或者是忘記了。」

她被逼問以後更慌了。「我，我不知道。」

檢察官面無表情的說，「請庭上記載在筆錄，她是說『不知道』，不是說『沒有』。」

他沒有進一步問題了。最後是他的同事，也是個滿臉黝黑的水電工人。

「請問證人，被告幾點到工地？工地在哪裡？」我問。

「他大概是九點多到，工地在三重。」他說。

「你們當天早上有喝藥酒嗎？」我問。

「沒有。他不喝這種東西，我們工班在上班時間也都不喝藥酒的。」他說。

「他幾點離開工地？」我問。

「我們都是有做才有錢的。當天早上他的工作完成，他跟我們打完招呼就走了，大概是接近中午吧。」他淡淡的說，但是我總覺得他的語氣有點淒涼，「有做才有錢」這句話讓我有點辛酸，因為易科罰金高達十七萬元，他什麼時候才還得起？

「沒有問題了。」我說。

檢察官也沒有新的問題要問，交互詰問結束。

審判長簡單的詢問被告的前科紀錄等，總算宣布調查證據結束，開始辯論。

「辯護人希望可以證明被告沒有犯意，但是我們必須指出，酒後駕車是目前執法取締的重點，有許多的家庭都是因為酒後駕車肇事而破碎。在刑法修正以後，已經把條文中『不能安全駕駛』的主觀標準刪除，只剩下客觀的零點二五標準，就是為了杜絕僥倖的心態。我們認為，被告既然已經達到客觀標準，就應該接受刑法的處罰。即便他只有在前一天晚上喝酒，難道起床沒有酒味？如果連路過身邊的警察都可以聞到酒味，自己或配偶怎麼可能不知道。我們認為被告狡辯，請法官依法判決。」

聽了檢察官的話，他原本就已經蒼白的臉，看起來更驚慌，我拍了一下他的手，站起來發言：「檢察官剛剛所說的話，固然有道理。但是有沒有聞到酒味，並不是一個人決定要不要騎車上班的判斷依據。一般正常人的想法，都會認為昨天喝完酒以後，今天可以騎車，檢察官所言，無非是要民眾在家裡自己準備酒測器，否則前一天晚上喝酒，第二天就不能開車或騎車？豈不是沒有期待可能性？我們希望法官可以審酌被告究竟有沒有犯罪動機與意圖，賜予被告無罪判決。」

「好的，既然已辯論完畢，我們就定期日宣判了。」法官還是沒有表示任何的心證與疑問。

我們走出法庭之外，陰暗的長廊，似乎看不到盡頭。

「你覺得我會無罪嗎？」他問，旁邊是關心他的朋友、同事與老婆，他們作證結束以後，一直沒走。

「你有想到今天會來這裡嗎？」我反問他這句話。

「沒有。即使在做酒測的時候，我都覺得是一場鬧劇。」他說。

「法律不是永遠是正確的，特別是當法律只剩下數據，那麼就只是一場鬧劇。」我看著他的眼睛說。

童女之舞

我強烈的懷疑，如果不是我聽錯了，就是他有精神病。
怎麼可能會用這種怪力亂神的答辯作為上訴理由？

這個膚色黝黑的印度人，看起來溫文有禮，但是掩飾不住他心中的緊張，即使他的台籍妻子就陪在身旁。

「他會說中文嗎？」我問了他的妻子。

「不會。雖然他來台灣幾年了，但是工作環境用不到中文，所以他只會一些日常生活的簡單對話而已。」他妻子補充說。「我們夫妻倆都在學術機構。」

他的案件很單純，但是一般律師不會想接受委任。

一般而言，律師有幾種類型的案件可能會排斥。第一種，就是國人皆曰可殺的社會矚目案件，例如情殺案、連續殺人案。第二種，還是殺人案，因為覺得替殺人犯辯護冤孽太重。第三種，是離婚，因為清官難斷家務事，而且又有「寧拆十座廟，不毀一門親」的古老訓示。第四種，則是性侵害，或許這是因為真假難辨，況且台灣人對於性的觀念向來很隱晦。

不過，基於我堅持所有的被告都應該有辯護人為他們辯護，這是法治國家的基本要件，因此我沒有任何禁忌。只要能「通過我這關」的被告，我通通願意接受委任。所謂「通關」的意思，就是必須符合我的價值觀。如果罪證確鑿，卻又在我面前狡辯，拒絕認罪，那麼我不會接受委任。但是，如果可以說服我，就算是一審、二審都認為有罪，我也會堅持上訴到底。

這個案件，就是性侵害中的猥褻，而且我認為有罪。

「所以你猥褻了同事的女兒？」我直接問他這個問題。為了不讓他緊張，我決定用英文跟他對話。

「沒有。」他堅決的說。

「我沒有說你強迫她。」我不耐煩的說，「從卷證資料顯示，你的同事有一個十三歲的女兒，你確實在她家裡，把她的衣服脫掉，而且親吻她的胸部。在台灣，依法論處叫做『姦淫幼女罪』，也就是在不使用暴力的情況下，讓未滿十四歲或十六歲的小孩跟自己發生性關係或是猥褻對方。」

他認真的聽著，過去沒有律師詳細跟他解釋這些問題。聽完以後，他只是簡單的說，「我不只親吻她的胸部，而是頭、胸部與腳。」

我原本不以為意，「那也是一樣的。如果承認有這樣的事實，那麼應該就是有罪，沒辦法無罪。你在一審並不認罪，若發回更審，是不是考慮認罪，並且與被害人和解，或許可以獲得較輕的刑度。」

他目不轉睛的看著我，「你懂印度教的體系嗎？」

我心中暗暗叫苦，我可能連道教、佛教都一知半解，基督教或天主教，只是因為過去教學的原因，略懂教義；至於伊斯蘭教，就相當陌生了，印度教？種姓制度？可能真的問道於盲了。

「我不懂。」我搖搖頭，「但是這跟本件行為有什麼關係？」

「我真心的想請你幫我辯護，但是可不可以請你瞭解印度教，我們再來討論我的案情。」他誠懇的說。

「你的案情很單純，就是有沒有做這樣的事情，跟宗教究竟有什麼關係？」我不耐煩的問。

「有。」他近乎懇求我。「拜託你了。請你幫我找尋一個關鍵字，Durga。」

已經上訴第三審的案件，而且前兩次審判都有罪，被認定有罪確定的機會非常高。第三審，是所謂的法律審，也就是法官不會針對事實再做調查，只會根據原來二次審理所調查的證據，做法律上的判斷，因此發回更審的機會不大。所以要在最高法院翻案，有相當大的困難度。

「Durga？」我對這個名詞，與其說是抱著必勝的決心，毋寧說是好奇而已，我嘗試在網路上找出相關的資料。

印度教，源於古印度韋陀教及婆羅門教，是世界主要宗教之一。印度教擁有十餘億信徒，僅次於基督教與伊斯蘭教。印度教，嚴格來說不只是宗教，而是存在於印度本土上的宗教、哲學、文化和社會習俗的綜合稱謂，它的信仰、哲學、倫理觀點等複雜多樣，甚至相互矛盾。印度的社會等級、集團和不同的文化階層有著各自相異的信仰和實踐。這種綜合性、多樣性使人們很難對印度教的信仰和特徵作出公認、明確的定義。所以，我們還是用故事理解比較快。

印度有三位大神，分別是梵天（Brahma）、毗濕奴（Vishnu）與濕婆（Shiva）。梵天，就是創造神，佛教稱為「大梵天王」，坐騎為孔雀，妻子是辯才天女。從宗教的觀點來看，這位至高無上的神明已經完成了創世任務，但是創造以後就不管俗事，所以在印度教體系中位高權不重，印度教的寺廟中只有幾座是供奉祂的。梵天神在印度教雖然不受普遍信仰，但在泰國影響力相當大，俗稱「四面佛」。

第二位大神是保護神毗濕奴，佛教稱為「遍入天」，有眾多化身，其中最著名的是大黑天神克里希納，他個性溫和，平常的工作就是維持世界平衡，只要有任何破壞世界的事情，他就會挺身而出。他的坐騎是金翅鳥迦樓羅（Garuda），一天要吃一隻龍王與五百頭小龍，可以說是龍族的剋星。他的妻子是「吉祥天」，全印度大概有一千多座廟宇供奉祂和祂的妻子。

第三位大神非常重要，就是破壞、再生和舞蹈神濕婆，佛教稱為「大自在天」，祂是印度民眾最敬畏的神明。平常有八種化身，外形是三隻眼睛、四到八個手臂，長髮束成髮冠。妻子為雪山神女，祂在印度的影響最大，全國有三千多座廟宇供奉祂或祂的妻子。

淒美的愛情故事就是從這裡開始。仙人達克沙（Daksha）有個美麗的女兒叫做薩緹（Sati），她愛上了桀驁不馴的濕婆，但是達克沙因為覺得濕婆不夠帥，性格粗暴，又曾經砍掉梵天的一顆頭，因此阻止他們來往。達克沙為了想早點把女兒嫁出去，斷了薩緹的念，所以舉辦了諸神相親大會，所有神明都被邀請，就是沒有邀請濕婆，並當場言明，誰拿到薩緹的花環，誰就能娶到她。結果濕婆在薩緹丟出花環時突然現身，把花環拿到手。岳父大人只能含淚同意兩人結婚。

然而兩個翁婿的關係一直不好。千年後，達克沙故意舉辦大祭典，還是不邀請濕婆。濕婆知道以後並不在意，但是女兒聽到了很難受，背著老公去找爸爸理論，爭吵劇烈之際，薩緹個性剛烈，跳進火堆裡自焚身亡。感應到妻子死亡，愛妻如命的濕婆立刻趕到現場，抱起焦黑的愛妻屍骨，發狂似的把老丈人殺了，並且跳起「滅世之舞」，決定把世界毀滅。保護神毗濕奴挺身而出，與破壞神濕婆大打出手，眼看世界一片大亂。創造這個世界的梵天大神看不下去，於是出面勸架，濕婆知道打不過兩個大神，只好罷手，抱著愛妻的屍體，在世間流浪七年。毗濕奴身為他的好友，實在看不下去，就把薩緹的屍骨切成五十塊，散落到各地。濕婆萬念俱灰，於是回到喜馬拉雅山修行一萬年，這段漫長的時間，他不近女色、與世隔絕。

在這段時間，阿修羅（Asura）出場了。阿修羅族男身形醜惡，女端正美貌；另一個神族帝釋天則是無美女，所以兩族經常爭鬥，我們稱戰場為修羅場，意思就是形容兩族爭鬥的可怕。阿修羅族的國王向梵天請求不敗之身，梵天原本不願意答應。但是阿修羅很聰明，被拒絕以後，改要求只有「初生之女」可以打敗他們就好，不需要不敗之身，梵天竟然答應了。阿修羅於是積極整軍，準備打敗諸神，統治神界與人界。

在這段期間，濕婆一直沉浸在喪妻之痛中，但是薩緹已經轉世為帕爾瓦蒂（Parvati），也就是俗稱的雪山神女。因為前世因緣，她很早就知道心裡愛的人只有濕婆，並且進入山中向濕婆告白。不過，濕婆對於這樣的告白覺得很錯愕，因此拒絕了帕爾瓦蒂的愛。帕爾瓦蒂決定請愛神迦摩來幫忙，但是濕婆一看到愛神，就知道他想幹嘛，所以睜開他的第三隻眼，把迦摩化為灰燼，印度就這麼沒有愛神了。

帕爾瓦蒂並不死心，決定死纏著濕婆。據說濕婆也不是這麼死心眼，而是認為帕爾瓦蒂的皮膚太黑、容貌太醜，跟薩緹一點都不像。但是帕爾瓦蒂還是緊跟在濕婆旁修行，為他打理一切。帕爾瓦蒂平常除了修行以外，還會努力改變自己的形象，經過三千年以後，她黑色的皮膚竟然轉為金色，而且變成美豔溫柔的外貌。

三千年後，有個婆羅門聽見帕爾瓦蒂倒追濕婆的故事，就到帕爾瓦蒂面前嘲笑、羞辱濕婆。但是帕爾瓦蒂卻是反擊他，大聲的要他滾出去神殿。就在這時候，婆羅門消失了，取而代之的竟然是濕婆。濕婆拉住帕爾瓦蒂的手，向她說出了這句話：

「從死到生的殘酷輪迴，一萬年的等待，三千年的苦行，從今天起，我就是你用苦行買下來的奴隸。」

這段愛情傳說，就是杜爾加（Durga）女神的原型故事。

前面提到阿修羅軍隊決定攻打神界，然而梵天不願意面對自己犯下的錯，而濕婆與毗濕奴對於這次的戰爭也興趣缺缺，對於祂們而言，即便眾神被阿修羅毀滅，也不過就是換一批人而已。這時候濕婆的太太，帕爾瓦蒂決定挺身而出，對抗阿修羅族。三大神眼見帕爾瓦蒂願意出面，因此灌注神力在她身上，眾神也紛紛給予祝福與力量，帕爾瓦蒂在此時變身為杜爾加，也就是印度的第一女戰神，或者我們說，類似希臘的雅典娜。杜爾加的形象光明驍勇，是印度的重要主神，因為她是初生之女，符合梵天給予阿修羅的承諾，最後更化身為暗黑女神迦梨（Kali），把阿修羅的軍隊徹底吞噬。

我花了點時間看完這個故事，心中暗想，大概這個神明在他心中的地位，有些類似我們的王母娘娘、媽祖或觀音，甚至，可能兼具三者。然而，這跟整件事情的關連性是什麼，為什麼在卷宗當中，他會親吻女孩的腳趾，我半點也摸不著頭緒，只好再跟他見面一次。

「你瞭解我們的神，杜爾加了嗎？」他問。

「略懂。但是這跟整個故事有什麼關係？」我反問。

「我看到她了。」他平靜的說。

我強烈的懷疑，如果不是我聽錯了，就是他有精神病。怎麼可能會用這種怪力亂神的答辯作為上訴的理由？

他見我似乎不信，情緒轉為激動，把他的護照攤在我的面前，「你可以看看我的名字，原本上面有ＭＤ兩個字，也就是默罕默德，但是我改掉了。我本來是伊斯蘭教徒，在我們印度是少數信仰，但是因為我在她身上看到女神，我開始懷疑我的信仰，最後我退出伊斯蘭教的信仰。」

我翻了一下護照的改名時間，大概就是在事情發生後沒多久，那時候這個女孩的家長還沒有提出告訴，我開始有點相信了。改變信仰，對於一個伊斯蘭教徒而言，絕對不是一件容易的事情。

「所以你現在是印度教徒？」我好奇的問。

「不。」他嚴肅的回應我，「我現在什麼都不是，我是無神論者。我不知道我該相信什麼！」

「所以，你嘗試要告訴我，你確實曾看到這位女神，所以猥褻了這位女神？」我啞然失笑。

「不是，我沒有猥褻她，她是破壞與創造之神的妻子，我怎麼敢這麼做？我在進行一場膜拜的儀式。」他說。

我的腦袋極度混亂，難道要我用這種理由上訴？最高法院的法官可能會先把我移送精神鑑定吧！

「你從來就沒有提過希望法院幫你做精神鑑定？也就是你對於宗教的認知？」我問。

「高等法院的法官嘲笑我，他認為我在胡說，而且斥責我，認為這根本不可能調查。」

我點點頭，台灣對於這樣的抗辯，當然會認為是無稽之談。可是，既然是無稽之談，他還敢在庭上提出這種抗辯作為無罪的說詞，要不是太天真太傻，就是腦袋有問題。

但是，我不知道哪來的勇氣，竟然跟他說，我願意接下這個案件。

他滿懷感激看著我，「謝謝你相信我。」

「你知道嗎？從護照上來看，案發以後，你並沒有被限制出境，而且並沒有人報案。但是你卻在回到印度接到台灣警方通知後，再度回來台灣面對，這種勇氣不是很簡單就可以有的。只是我相信你沒有用，必須要法院相信你。我希望你可以去找我的朋友，他在中央研究院工作，也是精神分析師，你可以跟他聊聊。」我衷心的說。

他點點頭。

一個月後，我跟這位精神分析師在中央研究院見面。

「這個案件帶給你很多麻煩吧？」我笑著說。

「一點也不，這個人開啟了我一個很有趣的經驗。」他說。

「根據你從事家內性侵害的經驗，這個人是不是在以神鬼之說，希望可以逃脫法律制裁？」我問。

「這麼說好了。」他沒有直接回答我問題，「如果只是聽他的一面之詞，你會覺得他就是在胡說八道。但是，為什麼他要編出這麼荒唐的情節，特別他是伊斯蘭教徒，要編出看到印度教女神的故事，這應該很困難。」

「在我跟他會談的過程中，他的腦袋十分清晰。他承認對這個女孩有好感。在一般我跟犯罪嫌疑人在會談的時候，他們第一時間的反應是否認。特別是在沒有人證、物證的情況下，他們往往會指稱是受害人說謊，或青少年有戀父情結，或是受到被害人勾引。但是他並沒有這麼說，而是在太太第一時間質問時就認罪，而且回到台灣來接受法律審判。」

「而我從社工訪談這位被害人的筆錄來看，我似乎看不到被害人常見的心理創傷，包括記憶入侵、憂鬱、性格轉變、人際關係問題等等。這可能要進一步評估，才能比較確定問題在哪裡。」

「你知道印度人在台灣，因為語言不通、膚色種族的問題，受到多少歧視嗎？」他問。

我默然不能作聲，即便台灣最美麗的風景，是人。

我們把精神分析師的報告遞上最高法院，希望他們可以發回更審，重啟調查，但是答辯狀進入法院後，宛如石沉大海。

半年後，我收到了一張最高法院的判決，我沒有看，第一時間我聯繫他，希望可以到我這裡來，我希望他親自打開。

「你當時為什麼要回來？」在打開判決之前，我問了他這個問題。

「因為我希望知道，這究竟是不是我的幻覺。不論如何，如果我做了不對的事情，我就應該受到制裁。」他說。

「所以，如果上訴駁回，你可以接受嗎？」我問。

「你知道嗎？」他突然移轉話題，「其實我覺得我罪有應得。當她自己翻開她的衣服時，我當時確實對這個女孩動了邪念，但是就在那時候，杜爾加出現了。我被她的耀眼光芒震懾，只能親吻她的額頭、胸部與腳趾，而且跪下來痛哭。如果沒有她，恐怕我早就犯錯了。」他苦笑。

「但是就已經發生的狀況來說，你並沒有猥褻的犯意！」我激動的說，「法律不處罰沒有發生的事情，即使你動了念，你後來的動作並不是猥褻！」

他沒有回答我，只是用他顫抖的手，打開這張判決。

別問我愛誰

誰能給我答案？
還是我只能夠對我的孩子，說一輩子的抱歉？

我與先生結婚十年，才終於有了這個孩子。這輩子，我本來沒想過還會有寶貝，畢竟年紀已經四十歲。但是先生的支持，讓我決定跟上流行，當上高齡產婦。

我知道，高齡產婦對於母體與孩子都有一定的危險，所以我對於產檢非常小心，從懷孕第十週開始，我就定期到這位醫師的診所做檢查。當然，我事先做了一點功課，除了知道他是國內有名的婦產科名醫外，我也跟他溝通過，希望可以進行胎兒頸部透明帶篩檢，以及4D超音波檢查。但是他告訴我，這種4D檢查，只是為了滿足父母親對於孩子的好奇心，其實一點用處也沒有。

我沒有多說什麼，畢竟他是專業的名醫，一定不會有錯。第二十週開始，孩子似乎已經有樣子出來，我再度詢問醫師，可不可以多做幾項檢查，畢竟我是高齡產婦，真的很害怕會對孩子的健康造成影響。

蘇東坡曾經說過，「但願生兒愚且魯，無災無難到公卿」，公卿我不敢想，做為一個媽媽，我只求孩子身心健康就好。

他還是一貫的態度，「醫院不做這種檢查，4D超音波一點用也沒有！」他輕蔑的說。

孩子在我的身體裡，逐漸長大，我可以清楚的感受到他的喜怒哀樂，不知何時開始，我越來越小心我自己的作息與飲食，一切都以寶貝為主。產檢一切都很正常，寶貝待在羊水裡，我與老公，滿心歡喜的期待他成為我們家的一分子。

第三十七週，公司要我到高雄出差，下午的會議，我早上就到，挺著大肚子，其實很不方便，所以我到客戶公司旁邊的婦產科，想想時間還早，也可以在這裡做產檢。醫師很客氣，了解情況以後，幫我的孩子做了超音波檢查。

這次檢查，異常的久，就像是一個世紀，醫師遲遲不肯告訴我結果。

「媽媽，妳的孩子在頸部左邊有一顆十公分大的腫瘤。」醫師面色凝重的指著照片給我看。「怎麼之前都沒有檢查出來？現在已經不可能處理了。」

你知道嗎？這就像是我們平常做的惡夢，「果然」成真一樣。我們一直告訴自己，夢就是夢，但是夢突然就是人生，我只覺得眼前一片黑。

為什麼是我？為什麼是我的寶貝？

我們決定要開刀，剖腹將孩子產下。醫師告訴我們，孩子有淋巴腫瘤，必須要用ok-432治療，切除腫瘤沒有用，孩子現在已經有聽力、語言障礙、發育遲緩等等問題，而且淋巴不斷水腫，所以要反覆開刀切除腫瘤。

這孩子，從出生開始，就是來受苦的。醫師對他所開的每一刀，都像是在我身上切割一樣，沒有麻醉、活生生的凌遲。在別人眼裡，他就像是怪物，一顆偌大的腫瘤或紗布，滲著血水，剛出生幾個月，他不知道自己跟別的寶貝不一樣，但是他慢慢知道別人看他的眼光不一樣，而且每次要進手術房，他就會用哀求的眼神看著我，剛開始他還會哭，後來他順從安靜的不哭，但反而是我大哭。

孩子，媽媽對不起你，我把工作辭掉，就陪你。

有次我帶他到麥當勞，旁邊的孩子大聲的說，「怪獸來了」，旁邊的媽媽趕緊遮住小孩的嘴，但是我們母子已經聽到。

「抱歉抱歉。」那個媽媽止不住的歉意。

我諒解似的一笑，愴然的。

名醫當時如果可以幫我做４Ｄ超音波檢查，孩子是不是就不會受這種苦了？為什麼三十六週的時候，我去他那裡檢查，沒有任何異狀，但是只隔一週，孩子的腫瘤就可以長到八公分這麼大呢？而且腫瘤與神經已經完全結合，根本就沒辦法切除，如果早點發現，當腫瘤還小就處理，是不是會比較好？

誰能給我答案？律師？檢察官？法官？還是我只能夠對我的孩子，說一輩子的抱歉？

發生這樣的問題，我不知道該怎麼說。在懷孕以前，我就跟老婆說過，不要勉強，因為我們年紀也都大了，有沒有孩子其實無所謂。

「我想要跟你生孩子。」這句美麗的話，深深的打動我。

這段懷孕的過程，我們都很辛苦。但是看著她興奮的為孩子張羅一切，我覺得怎麼樣都值得。我們決定，將來一定要輪流請育嬰假，好好的照顧這孩子。或者是，我們任何一人把工作辭掉也無所謂，就專心的帶孩子好了。

幾次產檢，對照老婆的緊張，醫師的態度一直都很輕鬆。他要我們放心，因為從羊膜穿刺等檢查看起來，孩子一切都很好。我們只要安心的等待孩子出世，任何問題都沒有。

那天晚上，已經接近生產的時間，老婆魂不守舍的從高雄回來。我以為是她太累，隨口要她好好休息，不然就從明天開始請假也好。但是她突然「哇」的一聲大哭，眼淚就這麼狂飆在我的肩上。我抱緊她，問她怎麼回事。

「孩子有腫瘤。」她邊哭邊說。

我後來才知道，這顆腫瘤已經和孩子的神經結合在一起，根本就不可能切除乾淨，以後就是不斷的動手術而已。

在孩子出生後，伴隨而來的，是孩子痛楚的哭，太太不捨的苦。我發現，我什麼忙也幫不上。太太把工作辭掉，說要專心打訴訟，還要照顧孩子，而我，只能袖手旁觀。而且，我突然有種滑稽的想法，我們到底造了什麼孽，不然孩子怎麼會發生這種事情？

我們家族都沒有遺傳性的疾病，也都不菸不酒，為什麼會發生這種問題？

當孩子不斷的哭鬧，我心裡開始感到厭煩。看到老婆無奈的表情，我也只能往肚裡吞。我們原本美滿的家庭生活，竟然開始變調，就是只剩下悲風苦雨、愁雲慘霧。

我到底該怎麼辦？他的學習能力有障礙，現在帶去哪裡，大家都用懷疑的眼神看我。他應該是天使，但是我無力承擔他墮入凡塵的悲劇角色。

那天晚上，我們大吵一架。我認為她花太多心思在孩子身上，我們的家幾乎毀了。她覺得我根本不愛這個孩子，只愛我自己。

每個人不是都只愛自己嗎？她愛孩子，愛孩子什麼？從發現孩子有問題開始，她滿心就只想找出該負責的人，先是醫師，然後是我。她把工作辭掉以後，扛起家庭經濟責任的是我。她在發脾氣的時候，耐心安慰她的是我。小孩學習遲緩，帶他去看病的也是我。我沒有力氣了，她要我全心全意一起跟她為孩子努力，我做不到。她要我一直請假幫忙帶小孩，我做不到。她要我一起埋怨醫師，我做不到。

說真的，我想要什麼？我只想要我們單純的生活回來而已。不要再提告了，我們接受這個事實，一起努力把孩子帶大，可以嗎？

我認為，這件事情是場鬧劇。

４Ｄ超音波，在婦產科之中，根本沒有這項常規檢查。一般在門診的時候，媽媽如果詢問我，有沒有４Ｄ超音波檢查的必要，我就會說，如果認為有需要可以去外面基層醫院施作。主要的原因就是，並非每次４Ｄ超音波皆能呈像順利，且在臨床上有侷限性，一般只是滿足父母的好奇心而已。

這位太太每次產檢，我們都有做超音波檢查與羊膜穿刺，孩子也都一切正常。我們檢查的內容包括，胎兒大小、腦、脊椎、顏面、唇、心臟、胃、腎、膀胱、腹壁、四肢、性別、臍帶血液、胎盤位置及羊水量等。這也是健保唯一給付的一次。主要看器官發育是否有異常，這個階段的超音波檢查已經從頭到尾徹底仔細檢查，孩子就是沒有腫瘤，我擔任婦產科醫師已經有三十年之久，我怎麼會不知道檢查的重要性？

這孩子的淋巴腫瘤，到底是早發性，或者是晚發性？當然是晚發性的問題，至少在我的檢查裡，從來就沒有發現過這樣的情況。我們已經做了一般的超音波檢查，至於４Ｄ超音波，本來就不是在檢查的範圍之內，第三十二週的照片，更可以明顯看出，孩子根本就還沒有腫瘤出現。在多數的案例中，如果孩子有問題，會伴隨全身性水腫、淋巴水腫或其他結構性異常，但是胎兒妊娠三十週以前之產檢（含羊膜穿刺），經我們醫師的診視下，都沒有全身性水腫、淋巴水腫或其他結構性異常及染色體異常，所以，這孩子當然是晚發性的胎兒頸部水腫。到底跟我有什麼關係？

況且，這位太太指控我，她在高雄進行超音波檢查，竟然發現胎兒脖子左側長有巨大腫瘤這件事，我確實很遺憾。但是這個腫瘤，即便早期發現，也不能治癒。目前的醫療技術，如果要除去胎兒的淋巴腫瘤，就得用臨床實驗還沒有完全成功的 ok-432 療法，但是能不能成功，恐怕還很難說。太太說，如果我能夠協助她早日發現腫瘤，或許就能醫治，腫瘤也不會與神經結合，根本就是一面之詞。目前這種情況，就是不能處理，就算我能夠事先檢查出來，那又怎樣呢？

病患就是這樣。在醫療前，總是對醫師畢恭畢敬，一旦出錯，不論故意或過失，總是把醫師當做移轉自己愧疚感的目標。有段話，我忘記是誰說的，「連一隻狗都知道，踢到牠的人，到底是不小心，還是故意。」我們醫師難道會故意不檢查出來孩子有問題？除非醫師，犯下了把左腳切成右腳的錯誤，否則，法律要我們對病患承擔告知義務、對病患要詳細解說、對家人要和藹可親、動刀不能手抖、走著進來不可以橫著出去。這些人到底要逼死誰？

我們做的工作，雖然是跟死神搶飯碗的工作，但是我們畢竟還是人，不是神。

病患想告我們，不過就是想要移轉憤怒無助的情緒而已，但是他們知道，這樣子告人的舉動，對於我們這些醫師的傷害，究竟有多大嗎？

我問你們，以後我該怎麼說服我的學生，不要去皮膚科，來我們婦產科？

你們倒是告訴我啊？

白雪公主騷擾事件

難道人就不能說實話嗎？
我只是要一個公道而已！

看著電腦螢幕上的留言，我幾乎要崩潰了，這不是事實，這些不認識我的人，怎麼可以把我形容得如此不堪。

「我是她的高中同學，那時候她就很喜歡勾引老師了。」

「這種賤女人，破壞學校的名譽。」

「小三就是小三，不知道自己的地位嗎？洗洗睡吧！」

桌邊的一角，躺著一張民事庭的傳票，另外一張，則是地檢署的傳票。我趴在桌上，使盡力氣的哭，因為我不知道，什麼時候才能笑。或許，以後都不會了。如果這是惡夢，為什麼我一直醒不過來？

我沒有勾引他！為什麼他可以若無其事，我卻要獨自面對這一切？

三年前，我進了這間學校。還記得剛進來的時候，我總覺得憂鬱，畢竟離開熟悉的台北，到了這個偏僻的鄉間。「連最近一家小七，都得騎車才找得到！」我還記得室友是這麼說的。

遇見他，應該是我喜歡上這間學校的開端。他是個溫文儒雅的老師，教學風格風趣幽默，系上許多同學都很喜歡他。想不到，從第二學期開始，我就被他挑選為教學助理，可以跟在他身邊做研究。

他單身嗎？不，所有學生都知道，他非常保護自己的家人，也很少談到自己的太太與女兒。大概，就是只有在謝師宴時，遠遠地看過他的家人，師母氣質動人，如果真要形容，用個很俗氣的成語，「大家閨秀」應該差可比擬。

每個星期我總是要到他的研究室開會，除了準備教材，就是要討論我的論文方向。剛好他在國科會接了計畫，所有的細節當然由我包辦，而且他告訴我，完稿後，其中的章節可以作為我的論文主軸。一切都很完美，我想，應該在三年內可以畢業吧。

只要那件事情沒有發生，我想，都還是好好的。

那天，我跟男友才在下午吵架，接著到研究室值班。我記得，那天整理教學資料到很晚，但是他突然進來，就這麼靜靜的看著我工作，我一點也沒察覺到異狀。

當我收拾東西要回去，他竟然在我站起身來時，突然抱住我，雙手撫摸我的胸部，從頸脖往臉頰與嘴唇吻了我幾下，「妳的脖子好白淨，就像雪一樣，我真的很喜歡妳。」

我被嚇傻了，只能奪門而出。

那天，我整夜沒睡。

「他喜歡我？他是老師耶！更何況有老婆，怎麼可以這樣？」

「聽說他跟他老婆最近婚姻出了點狀況，況且他是這麼好的男人，不值得等待嗎？」

「他說他喜歡我耶，有這麼多同學暗戀他，為什麼是我？」

「白癡嗎？師生戀，又是外遇！這很嚴重好嗎？」

早上，帶著一堆胡思亂想的思緒，我還是去上課。但是，我真的不知道下一步該怎麼辦，他打破整件事情的平衡，現在要怎麼收尾？

強忍睡意，手機的鬧鈴提醒我要進去研究室開會，但是我開始緊張，因為不知道等等他會說什麼。

打開門，他在裡面，好整以暇的在看論文。

「妳來了？」他頭也不抬。「妳願意跟我在一起嗎？」

「什麼？」我強忍住訝異，還有非常複雜的情緒。

「我很快就會離婚，而且妳現在的論文需要我協助，這一年多來的相處，我不知不覺的愛上妳了。難道妳沒有感覺嗎？」他頭還是沒抬起來。

「老師，我有男朋友，而且你這樣講很奇怪。我一直把你當成老師一樣，可是現在？」我充滿疑惑。

「我也還有婚姻。妳放心，我很快就會恢復單身，這件事師母也不會知道。」他鎮定的說，就像是慣犯。

「我不放心，我也不會願意。」我說。

「難道妳不喜歡我？」他有點訝異。

「我是喜歡你，唉，可是不是那樣子的。」看著這個風度翩翩的才子，我亂了。

「那麼，妳就繼續在我這裡當助理，我會處理的。」他拍拍我的頭，就像是對他的女兒一樣。

像是失了魂，我取消了晚上跟男友的約會。而他，傳了幾封訊息給我，我沒看，因為我好恐慌。

我只好跟同學聊起這件事，她是我最要好的研究所同學。

然而，她就像是聽到金城武與王力宏相戀一樣，大呼小叫的，「怎麼可能！他耶！系上的才子、顧家好男人！」

我沒好氣的說，「男人，沒有才子，只有精子。沒有顧家，只讓我想出家。」

「我覺得，妳一定要去性平會檢舉他！這種披著羊皮的狼，不能讓他這樣！以後不知道還會有多少學妹受害！」她說。

「可是，我覺得這樣不妥。」我很猶豫。

「拜託！哪裡不妥？」她突然神祕兮兮的說，「該不會，妳也愛上他了吧！」

「神經！」我臉上一陣青、一陣白的回她，但心裡七上八下，不知道這件事情到底該如何收場。我的論文、我的感情，到底應該怎麼辦？「你不要對外說，這件事情我想要沉澱一下。」

她聳聳肩，「我不懂，妳到底要沉澱什麼？」

是的，果然沒得沉澱。一個星期內，手機內不斷的收到他的簡訊，而我，不敢再去研究室，與此同時，我跟男友的關係急轉直下，竟然越來越差。

事情還沒結束，我竟然接到師母的電話。

「妳這個狐狸精，不要破壞我們的家庭！我什麼都知道了，就是妳勾引我老公！妳要不要臉啊！虧妳還是學生！」她破口大罵。

不知道是氣憤還是害怕，我竟然全身發抖，說不出話來。

「勾。引。老。公？」我喃喃自語的斷句，無意識的在紙上寫著勾引兩個字。

同學間，竟然也已經傳開來八卦，學校的BBS版面，開始出現，「小三去死！」「研究到床上？」「五樓早就知道。」「碧其就是碧其。」等等的留言，沒有指名道姓，但是呼之欲出。學校性平會，只能介入調查。

我看著這些不認識我的人，寫著不認識的我，我懷疑是我得了精神病，還是他們真要置我於死地。

性別平等委員會，很快的就約談我，大概希望這件事情趕快落幕。面對那些師長，我一句話也說不出口，因為我覺得我自己好像也有錯，為什麼沒有當下拒絕他、斥責他、舉發他？

他倒是振振有詞，果然，是我在研究室的時候，因為感情不順向他傾訴，並且對他投懷送抱。我冷眼看著他，他不敢正視我。

性平會，在幾週後做出了決定，認為他有「行為不檢」的情況「有辱師道」，所以暫時停職接受調查。

我並沒有勝利的感覺，因為系主任來找我了。那個「慈祥和藹」的系主任。

「我說妳啊，不要輕易毀掉一個教授的名譽。被親幾下，洗完澡、漱個口，也就沒事了，幹嘛這麼計較？」他嘻皮笑臉的說。

「主任，我不是自願的。」我只能顫抖的說出這幾個字，文不對題、詞不達意，渾然忘了反駁他的騷擾言語。

「我知道，我知道。」他說了好幾次，「我幫你換指導教授，好不好？但是前提是，你要翻供，替他說話，不要毀了人家家裡跟人家的一生。」

「我不要。」我開始憤怒，「我的論文就要完成了，為什麼要用這種前提卡我？」

「好，妳不要也可以。那我看妳怎麼畢業！」他氣沖沖的走了。

我被孤立，完全的孤立。同學沒有人願意聽我說話，老師對我避之唯恐不及。

而男友，只發了一封訊息給我，「我知道妳為什麼對我冷淡了，賤！」

這是最後一根稻草，我崩潰了。

然而，崩潰不代表他們放過我。老師對我提起加重誹謗的告訴，而師母，主張我侵害她的配偶權，所以對我提起民事訴訟，要我賠償一百萬元。

這個律師看起來很兇，我不知道他到底能不能知道我在想什麼，尤其，他也是男人。

他聽完我的故事，問我有沒有證據可以證明確實是他對我性騷擾。證據？我當然沒有證據，當下只有兩個人，哪裡來的錄音、錄影？

「沒有證據？」他問，「不可能。至少，你們在事後沒有任何簡訊的往來？」

我突然想起來，事發後那幾天所有的簡訊，我噙著淚點點頭。

他看著我手機中的訊息，一條一條的看，然後，就像是算命先生一樣拍著桌子，「有救了！」

有救了？難道這些事後的簡訊，可以作為證據？我不敢想，但是激動的心情，還是讓我的身體一直顫抖。「謝謝你，無論最後結果如何，謝謝你給我支持。」

他很帥氣的說，「反擊的時候到了。」

兩張傳票，雖然幾乎同時到達，但刑事偵查庭的時間還是比較早。我一直拖到最後一刻才到，因為不想面對他。不過，他帶了律師一起來，還有，他老婆。

在偵查庭裡，他始終不敢看我一眼，囁嚅的陳述我如何在性平會上「說謊」，又用陳述理由書「毀滅他的人格」。他說，我應該是論文過不了，他又不肯讓我換指導教授，我才會攻擊他。

我冷笑，因為事到如今，已經沒有任何情分可言，我只是同情他而已。我記得我問過律師，他究竟在想什麼，律師只是淡淡的回我一句話：「他只是被老婆逼上梁山的可憐蟲而已。」

「為什麼？」我當時問。

「沒為什麼，這是人性。他要保全這個家，就得要說謊，就得要犧牲你。」他冷冷的說，就像是他已經司空見慣一樣。

「難道人就不能說實話嗎？我只是要一個公道而已！」我很憤怒，怎麼可以有人為了自己的利益，傷害別人這麼深。

律師沒有回答我，而現在，檢察官正在問我問題。「請問被告對於告訴人的說詞，有沒有意見？」

我正想說話，我的律師舉手了，「請檢察官命告訴人為剛剛的話具結，因為我們要提出一項書面證據，足以證明告訴人所言為謊言。」

檢察官愣了一下，而他，似乎也沒想到會有什麼證據，臉上一陣錯愕。

檢察官立刻詢問他，「你願意為剛剛的話作證嗎？我必須提醒你，證人一旦具結後，如果對於案情的重大情節陳述不實在，會有偽證罪的可能，最高可處七年以下有期徒刑，可以嗎？」

他張大嘴巴，脫口而出，「七年！這麼重？」

檢察官與他的律師，似乎都覺得不大對勁，畢竟一般人只會理直氣壯的說「願意」，哪裡會猶豫？

「我想想」，他又給了一個令人吃驚的答案。「剛剛講的話，有些可能記憶錯誤。」

這下換檢察官不高興了，「沒要你具結，你都沒錯誤。要是我們根據你的錯誤記憶，起訴一個人，那麼你如何對一個無辜的人交代？我坦白說，就算你現在拒絕作證，一樣會有誣告罪的問題，一樣也是七年以下，你想清楚，要不要撤告？我可以考慮網開一面。」

這番話把他們打成一團，他的律師緊急向檢察官陳述，要跟當事人討論後再行陳報。

走出偵查庭，「連簡訊都還沒拿出來，就投降了？」我的律師不屑的說。

我沒有任何開心的感覺，反而很憐憫他，這就是才子？

過了幾天，書記官打電話告訴我，他已經撤回告訴，而另外一個民事訴訟，在開庭前夕也接到通知，他的太太也已經撤告了。

在網路上，對於這件事情，一樣議論紛紛。

「這個教授實在很噁心，還號稱才子呢？我看是精子吧？」

「我早就知道他會勾引女學生了，以前啊，我學妹就……」

「爛教授，不意外。」

「教授？會叫的野獸吧！」

我看著螢幕前的文字，又哭又笑。只是，我永遠都不能畢業了，因為已經沒有教授願意收留我。

這是說實話的代價嗎？

Ⅲ

誰無欲？

從故事中直探赤裸人性，究竟誰善誰惡？
種種欲求所需付出的代價又為何？

放不低

報應與否，一旦離開，
其實也就都無關了。

她已經二十五歲了。但是看起來像是小女孩，可能是因為身高，或者是長相。她在一家台東的通訊行工作，在鄉下，或許是人少，很難遇到她喜歡的對象。每天觸目所及，大概就是來虧她的小男生，或者比她小，或者少不更事，對她而言，她要的感情不是這樣。

不過究竟是哪樣，她其實也說不清。但是，網路上的這個人，似乎燃起了她的希望。

這個人是她用手機上的「微信」軟體認識的。他們聊過幾次天，感覺起來，他似乎是沒有威脅性的人，也不急著跟她見面，更沒有借錢這些詐騙手法，所以她放心了。特別是看過他的照片以後，她覺得這個人真是她的真命天子。所以，經過了幾個星期的對話後，他們終於見面了。只不過，她必須得到台北看他。

關於這點，她倒是心甘情願，她心裡想著，說不定可以上來台北工作，或者跟他同居，以後就別回去台東了。她倒是沒管父母怎麼想，腦中想到的只有他。

那天看到他的時候，他看起來果然就是她想像的樣子。即使一開始互動還有些生硬，但是很快的，他們就進入狀況，像微信一樣的聊天，或者說，就像是男女朋友一樣的互動。

這頓晚餐並不是她想像中的燭光晚餐，而是速食店的漢堡與薯條。她雖然有點失望，但是畢竟跟自己喜歡的人吃飯，什麼都好。她含著笑看著他，就像是想把他的身影刻在自己腦海中一樣。

她拍拍自己的頭，「怎麼會這樣！又不是第一次談戀愛」，雖然她確實只交往過一個男友，而且時間只有一個月，在她不願意跟他發生性關係以後，他就選擇離她而去。

時間是晚上九點多，他打了哈欠，似乎想離開。「今天就到這裡吧！妳等一下還要回去呢！」

「我不要！」她任性的說。「我今天想留在台北。你多陪我一點時間好不好？」事實上她早就已經把事假請好。

這男人看起來很為難。「不然我送妳去飯店？」

女生嬌羞的點點頭，他們決定往夜市前進，一直到十二點，他才送她到飯店門口。

她決定要留下他。「你要上來嗎？」她問。

「喔？好啊。」他倒是很乾脆的答應了。那天晚上，她就這樣跟他發生性關係。

唯一美中不足的事情，大概就是他在完事後，立刻就要回家，她怎麼勸他都沒用。

「我媽在家等我，她會擔心。」他是這麼說的。

第二天，他也沒來送她。她有點失落的自己搭火車回去台東，並且下定決心，她要認真的與他交往。

不過，從此以後，他的電話再也很難打通。不是在電話中，就是沒人接聽。微信，就像是消失了一樣，也不再有任何訊息傳過來。

她哭了好幾晚，沒辦法接受這個事實，發現自己已經愛上他了。

在連續試了幾天以後，她決定使用店裡的電話打給他，響了幾聲以後，電話那端傳來女人的聲音，「妳誰啊？」

「我是他……他的女朋友。」她怯生生的說，連女朋友三個字都遲疑很久。

「馬的，又一個傻女孩。我是他老婆，不要再打來了好嗎？」對方的語氣充滿了揶揄。

她頓時腦中天旋地轉，「他有老婆？」急忙把電話掛斷。

晚上，她決定拋開這一切，跟好朋友去買醉，希望能夠買個痛快。

電話鈴聲響了，是他打來的，語氣急促。「我沒有老婆，她是我女友，對不起我沒跟妳說，但是我還是希望妳不要離開我。」

「你這個騙子。」她開始不可抑止的哭泣。

「妳明天上來找我，好嗎？」他說。

她點點頭，或許他可以跟她說清楚，那個女人是誰。

往後的生活，那個女人沒有再出現過。但是他們見面，幾乎都是她上去找他，然後就是做愛、做愛。是的，如果有愛的話。

他明白的告訴她，他只迷戀她的身體。她記得，第一次聽見他這麼說，她立刻穿上衣服要走，但是禁不住這個男人再三懇求，她還是留下來，或許，她下意識覺得，可以用身體綁住他的心。

只是，幾個月後，她懷孕了。當她告訴他這個消息，這個男人竟然面無表情的要她把孩子拿掉。她歇斯底里的求他，希望孩子可以留下來，但是這個男人告訴她，「如果妳懷孕了，我們之間就不會有未來。」

那幾天，她正在猶豫間，手機裡竟然傳來那個女人的訊息：「妳這個狐狸精，我不是跟妳說過，我是他老婆，妳怎麼一直跟我老公通姦？妳這個賤女人！」

她徹底的崩潰了。她不知道該怎麼辦，好友建議她，還是先把孩子拿掉，否則怎麼會有能力讓這個孩子幸福？

「拿掉就是讓孩子幸福嗎？」她喃喃自語的說。

她瘋狂的尋找這個男子，但是，這次又消失了。在她遍尋不著這個男生的時候，她只能默默的把孩子拿掉，帶著眼淚，與重度的憂鬱。

她在家中休養，什麼都不能做。她的身體與心理，受到嚴重的折磨。她沒辦法下床，父母不知道求了多少神佛，燒了多少炷香，只求得這個孩子可以魂魄歸來。但是，她似乎食不知味，而且經常莫名的傻笑，沒有眼淚。

幾個星期後，她總算可以下床，喝點清湯。然而，這個男人並沒有放過她，一通訊息，再度把她擊垮。

「親愛的，有空來台北找我嗎？這次我想找另一個朋友一起跟妳做愛，我好迷戀你的身體。」

她沒有力氣與勇氣把訊息看完，然而，這個男生卻給了她狠狠的最後一擊，「如果妳願意，我可以跟妳結婚，到時候，我們要幾個孩子都有。」

她不顧父母的反對，在晚上搭夜車，第二天直接到了台北，這個男生指定的賓館。

她已經忘記發生什麼事情，只記得一個不認識的男人，蹂躪她的身體。她深愛的男人，則是拿著攝影機在旁獰笑，她面無表情的接受這一切，只希望他可以實現這個「諾言」：結婚。

她疲累的躺在床上，幾乎沒了氣息。那兩個男人緩緩的穿上衣服，丟了兩千元在沙發。「這是給妳的計程車錢，我們先走了，再聯絡。」那個男人滿不在乎的說。

她終於懂了。

等到他們離去十餘分鐘，她把身上的抗憂鬱藥一口氣全部吃下去。

「小姐，妳怎麼會在賓館裡自殺？」一位看起來跟她差不多年紀的社工問她。

她緊抿著嘴，什麼都不肯說。

社工找來女警，他們好說歹說，陪她磨了一天，終於才肯和盤托出這些事情。警方決定把這兩個男子以「強制性交罪」移送地檢署偵辦。

我輕輕用手指點著桌面，看著這張「不起訴處分書」，最糟的是，七天的再議期間也已經過去，這是去年的結果了。

「妳現在才來找我，是要我怎麼辦？」我聽完故事後苦笑。

「我知道這件事情已經沒救了。我其實有另一件事情想請你幫忙。」她說。「我被他太太告通姦，同時他也告我誣告。」

「誣告不會成立。」我立刻回答。「不是只要不起訴就會成立誣告，必須要是告訴人虛構事實，才會成立誣告罪。」

「我不懂。」她搖搖頭。

「也就是說，如果你向檢察官提告的內容都是事實，只是因為證據不足，或是法條適用有錯誤，才導致檢察官不起訴，那麼就不會構成誣告。」我補充說，「只要不要捏造事實告別人，誣告罪就不會成立。你們確實發生性行為，妳也確實感受很痛苦，只是因為檢察官認為，攝影機下妳並沒有拒絕或明白表示不願意，所以他沒辦法起訴他們。」

她似乎放心了一些，「那麼通姦呢？」

「通姦？更簡單了。妳都沒注意到這通訊息！他最後傳給妳的訊息是：『我跟妳結婚！』，這樣妳怎麼會知道他已經有老婆？」

「對！檢察官問我話的時候，他說，你們年輕人講老婆的意思，是否就表示是女朋友？」

「哈哈！」我開心的笑了，「這個檢察官想幫妳。趕快回答『是』。」

「我是這麼說沒錯。」她說。

「好吧！那麼應該沒事了，恭喜妳。」我輕鬆的說。

但是她低下頭。「可是我還有一件案子在偵辦，我沒有告訴你，我怕你罵我。」

我又好氣又好笑，我是要罵她什麼？她要是我女兒，我頂多是把這個男人下體剁碎餵鯊魚而已，我幹嘛罵自己女兒？

「說吧！」我回應，「我挺得住。」

「我做了一件傻事，不起訴以後，我氣不過，所以把他的個人資料與電話貼在網路上，他還告我這一件。」

「認罪就好。」我立刻回應，「這可能會涉及違反個人資料保護法，但是刑責不高。我建議你寫封信給檢察官，把這些事實告訴他，然後告訴他願意認罪，請求他給你緩起訴或職權不起訴。」

她拿筆把這幾個字記下來。「什麼意思？」

「這種罪名不重，如果妳願意認罪，檢察官又知道妳這種愚蠢又悲慘的遭遇，他可以給妳緩起訴，也就是觀察的時間過後不要故意犯罪，就跟不起訴處分效力相同。另一種情況就是，請檢察官直接行使他的職權，以『微罪不舉』的原因，讓妳可以直接不起訴。這兩種情況都不會有前科。」

她的眼睛似乎燃起火花，「所以我可以不被關嗎？」

「當然是。」我嚴肅的說，「但是，我必須要跟妳說，妳是自殺什麼啊？妳知道嗎？妳痛妳傷妳死，難過的永遠都是妳的爸媽與朋友，不在乎妳的人聽到以後，不是毫無感覺就是鬆一口氣，妳是在搞什麼？」

她看著我，沒有說話，但是淚水在眼眶裡打轉。

「唉！」我口氣放軟，「妳還年輕，以後會遇到無數愛妳的人，與妳愛的人。如果這男人要妳身段放低、沒有自己，才可以愛妳，這種愛情就是放太低，根本就是在傷害妳的自尊而已。」

「回去台東吧！把自己的身心狀況調養好。把這些事情當做一場惡夢，能忘多少就忘多少，也不要再跟他糾纏了。」

「律師，這世界上壞人一定會有報應嗎？」她突然抬起頭來問我。

「當然不一定。」我說，「可是我們不求別人的報應，我們求的是自己的平靜。報應與否，一旦離開，其實也就都無關了。」

大多數壞人做錯事，哪裡一定會有報應？只是我們得逼著自己向前走，不能停留下來處理恨的議題而已，因為我們還要繼續勇敢的愛其他人。

不是嗎？

楊　花

她決定放棄掙扎，因為腦袋好重，呼吸好費力，
她想離開這沉重的身軀了。

她搭上這班前往台北的火車時，嘴裡哼的歌，是林強的〈向前行〉；心裡想的事，是爸媽流著的淚。她一定要上來台北，躲開這個窮鄉僻壤的惡夢。在這裡，永遠就只能像是爸媽一樣，一輩子沒出息。他們家信仰的主，雖然讓爸爸戒了酒，但是卻沒能讓媽媽的病好起來。醫師說，還得要一筆很龐大的醫藥費，才有辦法進行手術，光是靠她國中畢業以後的收入，又能怎樣？

她離開了原鄉，無所畏懼的往前進。她在台北的朋友告訴她，只要上來台北，她這樣姿色的女孩，隨便都有辦法在一、兩年賺上百萬。她，從小就是大家喜歡的漂亮寶貝，現在十八歲，但是已經有一百七十三公分。又因為是原住民，所以臉部輪廓很深，但是膚色卻是出色的白。一頭黝黑的長髮，從小學就開始留，散落下來就像是發亮的黑色瀑布一樣，或者就像是「柳絮因風起」，也是爸爸最常稱讚她的優點。

她腦中編織的淨是台北的風光。只是這風光，很快就到盡頭。她的第一晚，就住在朋友家，這時候她才知道，原來她的朋友，在林森北路的酒店上班，她朋友之所以要她北上，就是她的經紀人請她「廣發戰帖」。朋友再三向她保證，不用脫、不作S（sex，指性交易），很快就可以存下百萬。她猶豫了一個晚上，心想既然不用跟男人做那些事，應該也就無所謂了。善牧的主，不會讓她迷失的，也會把她這頭羔羊找回來。

她忘了問，如果真是如此，為什麼她的朋友已經上來三年，從沒回去過。

她朋友的經紀人又年輕又帥，雖然是漢人，但是竟然會講幾句他們家鄉的原住民語，應該是朋友教他的。他那不標準但充滿誠意的原鄉話，經常逗得她們開心大笑，忘了被酒客上下其手的悲哀，以及每天茫醉到吐的無奈。況且，第一個星期，她就領到了四萬多元，比起她過去在小七打工的月薪還要高。

她屈指算算，一節一百六，如果一天有一個小框，那就有二十二節；框到底，就有四十六節；她是新來的，每桌客人幾乎都喜歡點她上台。只要陪喝酒、唱歌，一天就可以有五千多元，朋友果然沒騙她！即使，她幾乎每天都是抱著那隻爸爸送給她的泰迪熊，含著酒意與眼淚睡覺。如果她還沒喝醉，如果她還記得什麼是眼淚。

她每天要上班前，都會記得打電話給爸媽，告訴他們一切都很好。她在夜店當業務行銷，成績也不錯，應該不久以後就可以升上經理。有好幾次，宿醉都還沒退，但是她忍著頭痛，還有昨晚男人在她身上磨蹭的屈辱，告訴他們，工作很開心，有一群好朋友。爸媽總是很欣慰，也告訴她在台北一切要小心，人心很複雜，不像是我們原鄉這裡。

她第一個星期，就把薪水的四分之三匯到爸爸的帳戶，說是要孝順他的。爸爸急著說，這是她的錢，沒有人可以動，包括他自己，他會幫她保管到嫁人那一天為止，家裡不缺錢。

白天，她永無止境的睡覺，因為她不知道晚上會面臨什麼狀況。就像是那天晚上，她被一個客人框到底以後，買了全場去吃宵夜。她以為就真的只是單純的吃宵夜，況且還有一個姊妹跟著，應該沒問題。

沒想到，那兩個男客人，竟然帶她到所謂信義計畫區的「豪宅」。那真的是豪宅，她一輩子沒見過，家裡竟然可以有游泳池。她從來只在電影裡看過，豪華的吊燈、數不清的房間、高貴的壁畫，讓她這個鄉下來的女孩，覺得自慚形穢。她連踏上房間的地毯，都深怕會弄髒這種奢華白，而猶疑著沒能行動。

男客人有點喝醉，問她要不要游泳？她有點怕，囁嚅著跟他說，「沒有帶泳衣」，男客人竟然一把就把她推下水，看著她載浮載沉，哈哈大笑。她喝了幾口水，酒意全醒，趕緊把旁邊睡著的姊妹叫醒，逃也似的離開那間豪宅，她只聽到他們在背後放肆的訕笑。

回到租屋的地方，她不可抑止的大哭，「我好想我媽媽，我好想回家」。她的經紀人，聽到酒店幹部回報，立刻趕到她的住處。看著她手腳到處都是瘀青，心疼不已，把她一把擁進懷裡，跟她說，「我明天去找他們算帳。」

在台北，已經沒有人這麼關心她了。她覺得這男人是真心對她好，所以決定，當天晚上就搬去他家裡。總算有人照顧她了？是的。因為他帶著她，一起用安非他命。他告訴她，這可以讓她忘記許多事情。連做愛，都會特別容易到高潮。

他對她真的很好，出手闊綽，她再也不必上班，只要陪他做愛與吸毒就好。

那天凌晨，他神祕的拿了一些藥丸與水，要她一起用。她問了他，這些東西是什麼？他沒說什麼，只是笑著說，這會讓她很開心。

服了藥、喝了水以後，他們瘋狂的做愛，就像沒有明天一樣。但是，就在高潮以後，她突然失去了知覺，身體也開始僵硬。男人慌了手腳，摸了她的脈搏、呼吸，發現似乎沒有任何反應。

她死了？怎麼這樣？

女孩醒來時，發現自己已經在深水中。她已經顧不得自己還很暈眩，急著要抓住些什麼，然而卻不自主的吸了幾口水，嗆得她更想呼吸到新鮮空氣。然而，張大嘴巴，卻只有河水不斷湧進。她的鼻子則是不斷的進水，讓她更難忍受。她想抓住水草、木板，什麼都好，雙手亂揮，但是什麼都沒有，雙手能抓住的，只有冷冰冰的粼粼河水，和那一抹皎潔的月光。

她的心中開始浮現爸爸的笑，媽媽的臉，過去十八年來的一切，就像跑馬燈一樣，掠過她的腦海。她決定放棄掙扎，因為腦袋好重，呼吸好費力，她想離開這沉重的身軀了。

再見，我最親愛的你們。

新北市有許多聯外橋樑，橋下則是河濱運動公園。近年來，因為自行車運動盛行，市政府將許多小徑規劃為自行車道，一大早就有許多民眾騎自行車或者運動。

那是一個星期一的早晨，大約五點許，天還矇矇亮，一位老伯騎著自行車經過河堤，這條道路，他已經走了數百個清晨。然而，他遠遠的就看到，一個蒼白的身軀浮在水面上，衣著整齊，而河堤旁，就是一雙鮮紅色的高跟鞋。

這個爸爸，臉部的線條非常堅硬，就像是賽德克族人要赴死前的表情。媽媽只能乾嚎，我想，是因為眼淚早已流乾，只剩下血而已。

我看著判決，檢察官以殺人罪起訴這位被告，但是一、二審的刑度竟然都只有一年十個月。因為地方法院與高等法院，都相信這應該是過失致死罪與遺棄屍體罪。

我還不懂案情，與這對夫妻的悲哀，但是我一眼就認為這兩個判決是有問題的。我簡單的向這對夫妻說明，「這兩個判決的邏輯不通，因為你們的女兒是生前落水，如果是過失致死的結果發生在落水後，這位被告怎麼會有遺棄屍體的問題？他把你們的女兒丟下水時，她可還沒死，怎麼能算是『屍體』？」

顯然的，他們聽不懂。只是一股腦的向我鞠躬，媽媽甚至想向我下跪，只求我能把對方繩之以法，讓法官以殺人罪判處被告死刑。然而，我心中想，這個題目的難度也太高，都已經二審判決，而且兩個法院的看法都一致，我怎麼有辦法說服最高法院發回更審？

最嚴重的問題恐怕還在於，他們竟然已經與對方和解！

我翻閱二審的判決書，問他們到底發生什麼事。「如果你們不同意法官判決，認為是殺人罪，怎麼會想跟殺害女兒的兇手和解？」我皺著眉頭問他們，看來案情真的很不單純。

「我不知道！」爸爸說。「法官與我們的律師一起告訴我，如果不和解，我什麼都拿不到。法官說，對方已經願意給我們五百萬，如果我們不同意，他只能依法判決，這個禽獸只有二十歲，就算是判決贏了，我們也拿不到錢。不如現在就和解，還可以拿回來一點錢。」看得出來他渾身發抖。

「我同意和解，但不代表我願意原諒他。他殺了我女兒，到現在都還只肯承認是誤殺！」他憤怒的說。

「唉！」我只能嘆氣。因為和解，在法律上的概念，就是原諒對方。對於這對夫妻而言，如果知道拿了五百萬元，換來的就是他們的正義，恐怕他們會心死。

「我只能盡量。」我說。

最高法院很快就發回更審。倒不是因為我的法學素養豐富，而是在二審的判決中，法官並沒有查明，究竟為什麼「過失致死」的結果是在水中，但是遺棄屍體的時間點竟然是在溺水前。既然死亡在水中，被害人在溺死前當然不是屍體，被告所為，也就不會是遺棄屍體，這判決在邏輯上有明顯的錯誤。

高等法院很快又再開庭。然而，不要以為正義在被害人身上，一定可以得到伸張。因為，我國的刑事訴訟法，對於被害人而言，只有在場權，沒有參與權。簡單來說，在刑事訴訟的審判程序中，主角只有三方，法院、檢察官、被告（包括辯護律師）。被害人或許可以「表達意見」，但也就只能表達意見而已，此外，聲請調查證據、詰問證人等等，都必須仰賴檢察官才能進行。然而，檢察官並不是被害人的律師，不可能照著被害人的想法去做。

被害人即使聘請律師，擔任告訴代理人，在法庭程序上，一樣無力。

法院開始準備程序，檢察官表示沒有需要調查的證據，而法官倒是希望可以就犯罪事實訊問被告。他一頭金髮，相當鎮定。

「當天，我發現她自己嗑藥過量，我有立刻檢查她的呼吸跟心跳，當時她的身體已經僵硬，我認為她死了。所以我把她移到橋邊，但是我不知道那裡會有漲潮的情況，所以她後來淹死了。我知道我要負責，而且我也賠錢了。」他說。

法官繼續問，「那麼你為什麼要擺一雙高跟鞋在堤防邊？」

「因為我想要製造她自殺的假象。我以為她死了，會跟我有關係，如果是她自殺，跟我就無關。」他倒是回答得很快速。

法官看起來似乎沒有問題了，但是女孩的爸爸，一直想站起來發問。我努力的制止他，因為程序上不能這麼做。

法官看到這位父親的掙扎，告訴他，「最後會讓你作陳述，不用擔心。」

「我不擔心！我是傷心，他殺了我女兒，良心會安嗎？」他嘶吼著。

法警緊張的要他安靜，現場突然只剩下媽媽的啜泣聲。

「對於法醫的鑑定報告，認為死因是溺斃，兩造有無意見？」法官繼續進行程序。辯護律師與檢察官都很快的回答，「沒意見。」

「我有意見！」爸爸又站起來。

法官皺著眉頭，「我知道你很傷痛，但是畢竟和解金也已經拿了。這件事情可不可以交給法律處理？你如果繼續破壞程序，我們可能要請你出去！」

他跪下來，趴在證人席前面哭泣，「我不要錢，我是被騙的。」

我心中百感交集，怎麼會沒有人告訴他，收下和解金，其實就是同意和解？

我跟法警把他扶回座位，我再三向法官保證，他不會再「破壞秩序」了。

他的眼神很紅，幾乎就像是燒焦的木炭一樣，無奈的是，淚水也無法澆熄這場大火。

法官快速的完成調查證據程序，檢察官與辯護人都回答：「沒意見」，書記官則以飛快的速度在鍵盤上敲打，剪下來、貼上去，完成了一篇漂亮的筆錄。審判程序終結，法官也定了宣判期日。

辯論結束，被告飛也似的離開法院。父親只來得及在他背後高喊：「天主不會原諒你這個罪人的！」他的喊聲，迴盪在法院的迴廊中，久久不散。

這時候，我想起了《流浪神狗人》這部電影。故事支線中，原住民尤勞尤幹因為肇事導致人命傷亡，非常沮喪，冷酷沒血淚的律師到警察局，要求尤勞尤幹否認因為閃躲小狗而肇事，堅稱是對方超車所導致的結果。尤勞尤幹照作了，然而卻引起教會牧師相當不滿，他激動的對尤勞尤幹說，「你這樣作，天主不會原諒你的」；然而尤勞尤幹卻也生氣了，他對牧師說：「我不在乎天主是不是原諒我，我只在意我的兩個寄養在別人家的小孩，不會因為我肇事而回不來家裡」；尤勞尤幹說，「我戒酒，上帝有看到嗎？我認真工作，上帝有看到嗎？如果有看到，為什麼要讓我這樣」；牧師當下很憤怒的說：「這是上帝給你的考驗」；尤勞尤幹回嘴說：「我不需要上帝的考驗，我需要我兩個小孩回家。」

他的孩子已經不能回家了。而司法又能給他什麼？而究竟，這是誰的錯？

我要錢

這些人都是利益考量，
其實我什麼都沒有，只不過是買空賣空而已。

他穿好西裝，緩緩的站起身來。現在是凌晨兩點三十八分，大家都睡了。

那套西裝是四十年前公司成立時，太太買給他的第一套，他視若珍寶的藏了四十年。雖然只有穿過幾次，但是公司成立、蔣總統接見、江總書記接見，他都穿著這一套「戰袍」。

他滿意地看著鏡子裡的自己，把寫給老婆、兒女、好友等的信件，通通放在桌上。當然，他沒忘了那個人，那封信，就放在他左胸前的口袋裡。他摸摸胸口前的那封信，確認還存在。

七十五歲了，還有什麼好計較的？他再問自己一次，然後笑了。

他把昨天買的麻繩拿了出來。在衣櫃上打了死結，然後，再把剩下的繩子將自己綑綁起來，漂亮的在背後打結。

椅子推倒，微弱的聲音，在深夜裡也起不了作用。

凌晨一點多，她感到莫名的焦躁。雖然已經很累，但是她始終覺得亢奮，對於一個將近五十歲的人來說，似乎是更年期的反應，她以為是這樣的。

勉強躺在床上，心裡一直在想，是不是因為這幾天來，債權人陸續不斷請求法院核發的執行命令，讓她睡不著覺。畢竟這些金額高達數億，不是她可以在短期內籌措出來的。

她只是有點怨，怨自己的父親，為什麼要把她從美國找回來，接任這間公司的董事長，卻不願意告訴她實際的情形？

公司早就被掏空，而且是被自己的父親掏空，但是她卻在接任家族事業以後，才發現這樣的事情。她努力的向債權人道歉，也拿上自己的財產做擔保，然而怎麼樣都不夠清償。自從接任董事長以後，她最害怕的就是白天，因為不曉得公司收發在什麼時候又會發現法院的公函，告訴她又有新的債權人請求法院本票裁定。

她點起了一根煙，看著煙霧繚繞，這時候她的心思稍微平靜一些。

總之，公司本業還不錯，就努力賺錢還債吧！況且，新任的總經理相當認真，是她從業界重金挖角來的。他明知公司已經被掏空，還願意捨命陪君子，無論如何，也得要咬牙走完這一遭，把欠債還清。

這是家族的榮譽，不容玷污。

她還是一夜難眠。

家裡的時鐘，暫停在凌晨二點五十九分。

在客戶處開會，然而手機的未接來電，竟然高達二十餘通。

我皺著眉頭看著螢幕，都是辦公室打來的，心裡不禁想，究竟發生什麼問題，怎麼會連續撥打這麼多通電話。

回撥給祕書，她立刻告訴我，公司召開緊急董事會，要我立刻前往協助。

「緊急董事會?!」我問。「是有多緊急?前幾天我不是還跟創辦人、董事長開過會?」

「我也不知道，但董事長找你，非常急。」祕書無奈的回應。

我嘟囔了幾句，直接撥打董事長的電話，但是沒有回應。

這時候也只好匆匆結束這裡的會議，以最快的速度趕去公司。

這是一家歷史悠久的公司，經營規模不大，但是從創辦人起家到現在，已經有四十年之久。然而，這幾年卻在業界傳出周轉不靈的情況。詭異的是，他們的本業一直不錯，只是這樣的傳聞，多少打擊這家公司的信譽。就在前幾年，垂垂老矣的創辦人決定急流勇退，把在美國的女兒找回來接任董事長。在她就任之後，先不動聲色的將董事會的成員，以及重要的中階主管逐一換成自己的人馬，在布置妥當後，立刻更換當了四十年之久的總經理。震撼當時的業界。

更換總經理，是我建議的。

公司不斷有掏空的傳聞，總經理卻是垂拱而治，似乎與這些破事一點關係也沒有。所以我建議她先把重要的人事權取回，讓她在董事會孤立無援後，根據當時的聘僱契約，一舉更換總經理。這讓當時許多看笑話的老臣，開始覺得公司似乎真的換了當家。

我直接進入公司的會議室，會場氣氛凝重。所有的董事全部到齊，董事長則是眼眶泛紅。我心想，應該有大事發生了。

「大律師，創辦人自殺了。」一位資深的董事悄悄的跟我說。

「怎麼會！」我脫口而出。畢竟在幾天前，我還跟他們父女開會，討論接下來的幾件訴訟應該要如何進行。老人家爽朗的笑容，似乎還烙印在我的腦海中，怎麼會這麼容易就走了？

董事長招手，請我過去坐在她旁邊。「既然律師已經到了，我們開始進行臨時董事會」，她轉頭對我說話，「大律師，關於創辦人自殺的消息，你剛剛應該已經知道了。請問你有什麼建議？」

我強忍住震驚，努力整理心中混亂的思緒。清了清喉嚨以後，我開始說：「這應該分成公、私兩部分討論。於私，我建議董事長應該先清查創辦人究竟有多少負債與資產，辦理限定繼承。於公，應該全面清查涉及創辦人的訴訟，畢竟創辦人涉及偽造有價證券的訴訟還在進行，雖然法院因為被告死亡，應該會下公訴不受理的判決。但是其他的民事訴訟，都跟創辦人有關，我們應該要全面清查，究竟有多少票據是創辦人開出，才能讓公司免於解散或破產的危機。」

我停了半晌，「另外，請發言人這裡準備資料，為了避免明天社會版可能會有創辦人自殺的消息，一定要統一口徑。」

一位董事舉手，「如果媒體詢問，創辦人自殺，跟公司財務危機，還有他個人被控訴偽造有價證券有關，我們應該怎麼應對？」

我強硬的回應，「公司沒有財務危機。董事長已經接任三年，公司接軌順利，怎麼會有危機？另外，偽造有價證券的訴訟正在進行中，我們有信心會無罪，創辦人沒有為此自殺的理由。」我又頓了一下，「措辭盡量肯定，不要引起過多的不必要猜測，就說他是久病厭世就好。」

董事長突然站起來，「就照律師建議去做」，她的眼睛是紅腫的，但是還很有精神。「危機處理要盡力做好。我們散會。」

董事紛紛的站起來，向董事長致哀，不外乎就是「節哀順變」一類的話。我冷眼看著這一切，虛偽者有之、竊喜者有之、真心的倒是沒幾個。

曲終人散，只剩下我跟董事長。

她問，「你覺得呢」，這句話看起來像是沒頭沒腦，但是我知道她想問什麼。

「是自殺，也是他殺。他一定是受了什麼刺激才會這樣。」我說。

「他早就有重度的憂鬱症了！」她恨恨的說。「他可是死意堅決啊！」

她把一堆信重重的丟在桌上。「這些遺書，他交代我要給他的老同事、戰友、家人，連我都有一封信！」

我點點頭，沒有說話。因為要把自己綁住後，在低於身高的情況下上吊自殺，沒有堅決的死意，萬萬辦不到。

「他死了，倒是一了百了，可是留給公司一堆問題，誰來解決？」她哀淒的說，「他用公司名義，開出去那些支票，到底是給了誰！」

公司一連串的訴訟，起因於創辦人開出的本票與支票，數額龐大到驚人的程度。這些持票人，並不是公司的交易對象，但是每個人卻都持有蓋公司大小章的票據，也都信誓旦旦的說，曾經把錢交給創辦人。當我們在法院訴訟時，創辦人並不否認是他開的，但是卻抵死不說，這些金錢的流向。為此，我們吃了不少苦頭，甚至有幾件訴訟，已經敗訴。

基本上，票據有所謂的「無因性」，也就是說，支票或本票，就等同於現金。任何人只要持有票據，都可以向發票人請求票據上所記載的金額。有些官司我們打贏，是因為對方跟我們沒有實際上的交易或借貸，我們用「無票據原因」抗辯，也就是說，對方持有這些票據，並沒有真正的理由；可是有些轉讓到第二手以後的票據，我們就沒辦法抗辯，所以敗訴。甚至有債權人對他提出偽造有價證券的告訴，已經被檢察官提起公訴，正在法院審理當中。

我們一直懷疑，他是因為姪子的原因，所以才會開出這麼多的票據。但是，我們苦無證人與證據。

這間公司其實一開始是由創辦人跟大哥一起開設，但是當公司開始上軌道以後，大哥竟然早死，留下唯一的獨子。據說，大哥在臨終前，拉著創辦人的手，要他一定要好好照顧這個孩子。

他照顧了。除了大哥在公司的股份給他外，其他能給的、不能給的，都給了。也是因為他的要求，所以總經理始終沒有更換，因為總經理最能配合他的想法。

我們其實一直強烈懷疑，創辦人偽造總經理的小章與公司的大章來開立支票，所得的金錢應該都是給了這個獨子，只是我們沒有證據。

董事長看著桌上的遺書，「給我的遺書，只是不斷的跟我抱歉，說我是好女兒，辛苦我了！」，她還是冷笑，「說這個有什麼用？他以為他是悲劇英雄?!」

我看著牆上創辦人的話：「為別人奉獻，是一種享受」，現在看起來，似乎有點諷刺。

祕書敲門進來，拿了一封信給董事長，她臉色為之一變。

「這是？」我也察覺到情況不對勁。

「是放在西裝口袋裡，給他姪子的信。」她說，她很遲疑的唸著上面的文字。「我對得起你父親了！這幾億的錢，就當作我給大哥的補償。只是，身為晚輩，你不應該跟我說『自謀生路』這四個字，孩子，我可是盡心對你啊！」

她停了下來，憤恨的重拍桌子，「這王八蛋！我總算知道我父親為什麼那天回家這麼沮喪。他不斷的說，『什麼叫做自謀生路，我是自找死路吧』，原來我堂哥竟然跟他說這麼狠毒的話！」

我沒有說什麼，腦中在尋思，這步棋接著要怎麼下。

回辦公室以後，我交代祕書幫我約了前任總經理見面，但是他不願意。

「人都死了，要說些什麼？」他無奈的說。

「是嗎？」我在電話裡很冷淡。「你在地檢署的時候，以證人的身分說，關於開票的小章，你什麼都不知道，是創辦人自己刻印的，沒錯吧？」

「事實是如此啊！」他兀地嘴硬。「你有證據可以證明我知情嗎？」

「我有！」我說，「你沒料到創辦人會在自殺前寫下遺書吧？他把所有的事情都交代得很清楚，也有你當時的錄音。我會向地檢署檢舉。這是給你的最後一次機會。」我頓了一下，「如果你願意坦承，我們只是要知道真相，不會對你提告。」

他像是洩了氣的皮球。「好，你想知道什麼？」

我跟他約三天後在咖啡店見面，當然，我帶了錄音筆。

他總算坦承，他其實知情，這些票據都是創辦人要他去銀行開戶，而非先前所說的毫不知情。而所有的金錢流向，都是交給姪子。這幾十年來，他之所以可以一直擔任總經理，就是因為他非常配合。

「律師，我對你說的這些話，到庭上我都不會說。我還是會堅持之前的說法，你知道的，我不會出賣他。」他最後跟我說。

我晃晃手中的錄音筆，「來不及了。你真的不要說實話？」

他的臉色慘白，「你很卑鄙！你沒有經過我的同意錄音，我要告你！」

「誰卑鄙？你對得起創辦人嗎？」我不客氣的訓斥他。「對了，另外告訴你，在公開場合錄音，並沒有妨害祕密的問題。要告律師以前，請先學好刑法。」

公司很快的對姪子提告，罪名是「使用偽造有價證券」。前任總經理即使在百般不願意的情況下，還是出庭作證，配合指控所有的公司金錢流向，都是交付給創辦人的姪子，他甚至還提供了姪子當時的幾張簽收單。

我們走出法院，董事長問我，「你憑什麼覺得，總經理會出庭作證，指控他以前的老闆？我爸的遺書上，根本沒有提到這些事情！」

我聳聳肩，「這些人都是利益考量而已，其實我什麼都沒有，只不過是買空賣空而已。」我突然轉變話題，「妳有聽過一個笑話嗎？」

「嗯？」

「有一個詐騙集團，專門打電話給上市上櫃公司的領導階層，跟他們說，我們握有你跟小三偷情的照片。只要你匯款一百萬元，我們就會把照片銷毀。」我停頓了一下，「妳猜，有多少比例的高層匯款？」

她搖搖頭。

「將近一半。」我笑笑說。「事實上，這個詐騙集團，根本什麼都沒有。」

在許多豪門世家的鬥爭裡，除了利益，可能真的什麼都沒有。

WAR

他始終百思不解，為什麼他會被自己公司提告業務侵占。
所以，他來找我了。

過年前，已經開始放晴，就像金黃色的奶油般，陽光灑在辦公室裡，伴隨著濃郁的花香，這是他特別送給我的一束花。不起訴處分書攤在桌上，他平心靜氣的看著我。

「總算可以好好的做我想做的事情了。」他說。

是的，歷經一年的煎熬，總算這一次結束了。

他是個美國人，正確來說，是華裔美國人。他的外表看起來，就像是典型的美國華人，高大的身形、流利的英文與很窘的中文，笑聲永遠很爽朗。但是，他第一次見我的時候，眉頭深鎖。

「我簽了五千萬的本票，又被我最好的朋友提告業務侵占。」他說。

他的工作，是負責協助政府採購武器的掮客。這個工作是他在美國念大學時，跟另一個朋友一起決定要做的。

「你早就決定要做這種工作？」我也眉頭緊皺了。「為什麼？」

「大四那一年看了《軍火之王》（*Lord of war*），我一畢業就往這方向走了！」他說。

「喔？那麼，這行業好玩嗎？」我問，因為我也看過這部影片，一直很有疑問，是不是真的會有軍閥送他非洲美女，而他會不會因為沒有保險套而堅持不跟她上床。

他苦笑，「根據我的同行說，影片中的描述應該大部分都是真的。」他頓了一下「但是我沒有做過那些事情。」

「你的生意範圍是？」我問。

「我大概平常會幫助美國政府販賣各種武器給不同的團體。舉凡阿富汗、菲律賓、埃及等開發中國家，都是我們的客戶。當然，台灣我們也賣。」他說。講到賣武器，他的眼神突然就亮了起來。

不過，對於我這種當完兵以後，還不知道六五式步槍怎麼裝卸的人來說，其實不太能理解，他為什麼可以這麼開心。「武器，不就是殺人用的？你賣這種東西會開心嗎？」

「這不就像是你在當律師一樣？」他反問。「你可以是好人，也可以是壞人，看你站在哪一邊而已！」

「好吧。」我暫時不想爭辯這個問題，「我們來談談你的狀況，為什麼你最好的朋友會告你？」

軍火掮客的業務範圍相當廣。有能力的掮客，要處理複雜的政治、外交、經濟等關係，例如說，如何把美國的某種高科技武器，透過打通關節，運送到已經被聯合國制裁的地區；

或者是把鈾235的原料，如何送到某些流氓國家。正常一點的，可能就是採買戰機、潛水艇、戰車等等，還有一種，則是因為國家政策不准賣「全屍」，因此把某些高科技器材，透過「個別採買」的方式，送進輸入國以後，再自行組裝，賣給政府。

他們這次的任務，剛好是第三種。只要閃避法規得當，其實這門生意危險性不高。

一年前，他們和另一家公司合作，共同與台灣的國防部軍備局簽約，準備要向美國的高科技公司進口一批偵蒐器材。這批器材十分敏感，必須經過美國政府同意，所以他們從各個國家拆解器材，進入台灣。準備在組裝後，賣給台灣政府。

起初，一切過程都很順利，但是其中有一項組裝材料出了狀況，一直無法送來台灣。眼看交貨時間即將到來。公司只好自行研發這一項材料，並且找了一位材料科學博士研究。就在研發完成前夕，那位博士「神奇的」在研究室自殺身亡。之所以說，「神奇的」，是因為他的死狀詭異。

他全身反綁，在反鎖的實驗室天花板風扇上吊自殺。

這項材料沒辦法研發，合作公司氣急敗壞的來他的公司興師問罪。

「這項標案大概沒辦法做了。保證金將近五千萬元，都是我們公司拿出來的，你打算怎麼處理？」合作公司的法務冷冷的問他。

「這不是我能預料到的。」他吞吞吐吐的說。「我怎麼知道他會自殺。」

「這樣吧！你簽一張五千萬元的本票，代表你願意負責這件事情。」公司法務點起了一根菸，悠哉的把牛皮紙袋放在桌上，看形狀，裡面像是一把手槍。

他心一橫，五千萬元，反正就是一張票而已，應該沒關係吧。

他回過頭看看他的股東，他最好的朋友臉色發白，手足無措。連聲道：「我們簽名好了，這也沒什麼。」

他的好朋友發著抖，趕緊在本票上顫巍巍的簽下自己的名字。他見狀心想，他的股東、最好的朋友都簽名了，還有什麼好怕的？反正簽了這張票，又不是現金，對方又能怎樣？他在另一張本票上，也簽了名，兩個人一共簽了兩張一億的本票。

公司法務站起身來，笑吟吟的把簽署好的本票收走，在手中彈了兩下，啪啪的作響。「貪財！貪財！只給你們兩個月的時間籌錢，要努力想辦法啊！」

他趾高氣揚的離開，留下錯愕的兩個人。

接下來的時間裡，他沒把這件事情放在心上，努力的與軍備局交涉，希望能夠降低損失。不過依照政府採購法的規定，時間到了還無法交貨，就是解除契約、損害賠償而已，他的交涉看起來徒勞無功。總之，軍備局就是要公司賠償。

公司賠償事小，橫豎公司已經無法經營下去。根據民法、公司法的規定，公司由股東組成，公司欠債，與個人無關，所以他倒是也樂得輕鬆。但是，下一個嚴重的麻煩馬上來了。他收到了一張本票裁定，也就是兩個多月前所簽發的本票，金額就是五千萬元。

正當他為了這件事焦頭爛額之際，更大的打擊來了，也就是地檢署的傳票，他是被告，罪名是業務侵占。

告他的人，正是他最好的兄弟。

業務侵占，與一般侵占的刑度並不相同。所謂業務侵占，是一般侵占的特別型態。如果是一般人把別人放在自己這裡的物品或金錢據為己有，稱之為一般侵占。然而，如果是在公司上班，把公司所有的物品或金錢侵吞入己，稱之為業務侵占。兩者雖然都是五年以下，但是業務侵占比較可怕，最低刑度是六個月以上。換句話說，一旦有罪，最少要判處六個月有期徒刑。

他始終百思不解，為什麼他會被自己公司提告業務侵占，他立刻打電話給他的「兄弟」，但是沒有任何回應。所以，他來找我了。

我靜靜的聽完他的故事，還是不知道問題在哪裡。只好見招拆招，一個一個案子闖。先解決本票裁定的問題，再來解決刑事告訴案。

常有人問我，收本票還是收支票好？我的答案都是，收現金最好。真的一定要收票，我當然建議收本票。所謂的本票，就是本人保證付款的票據；支票，就是銀行在「債務人有錢的時候」，保證付款的票據。看清楚了嗎？債務人有把錢放在銀行，銀行才有義務付款；如果債務人沒放錢在支票帳戶裡，那張支票就是一張載有金額的紙張而已。與本票相比，本票可以直接聲請法院進行本票裁定，大概三星期左右的時間就會有結果，接著以裁定做強制執行，但是支票卻還是必須進行訴訟，三審結束一般要兩年到三年，以方便性來看，當然是本票占優勢。遑論訴訟費用，本票裁定只要一千元，但是支票卻要訴訟金額的百分之一，也就是票款一百萬元，一審就要繳一萬元，二審與三審還會「漲價」，變成一萬五千元。

我們這位仁兄，簽發出去的就是本票，而且金額高達五千萬元。

我仔細端詳著這張本票，覺得阿拉伯數字有點不一樣。

「我問你，這張本票，名字是你簽的？」我問。

「是的。」他說。

「金額是你簽的？」我問。

「是的。」他說。

「可是，」我把本票影印本給他看，「我覺得日期的數字寫法，與金額的數字寫法，有點不太一樣。」我說。「例如，你看這個5，很明顯不一樣。」

他皺起眉頭，仔細端詳，「對，好像不是我寫的，因為我寫的5比較特殊。」

「所以你有填日期上去嗎？」我雀躍的問，像是發現新大陸一樣。

「應該沒有。」他有點疑惑，「可是那又怎樣？他當時告訴我，他想求償，隨時都會填上去，我不敢說話。」

「那不會怎樣，」我冷笑，「刑事上不過就是偽造有價證券而已，三年以上有期徒刑。除非你有授權他可以自行填上日期，當他未經過你同意，自己填上日期，就是偽造有價證券。而且我們還可以另外打一場民事訴訟，就是確認本票債權不存在，因為你個人與那間公司並沒有實際上的欠債關係。」

看他興高采烈的樣子，其實我心裡沒有那麼篤定。因為即便我們先提出偽造有價證券的刑事告訴，也就是宣稱這張本票的日期是偽造的；但是除非對方自白，否則就必須要鑑定本票的筆跡，而阿拉伯數字這種筆跡，其實相當難鑑定。另外，談到民事訴訟，光是訴訟費用，就要總金額的百分之一，也就是五十萬元，成本也相當高。

不過，非常時期，也只能先擬定這樣的訴訟策略。

業務侵占的告訴很快就開庭，他的爸媽堅持要陪他出庭。

這位「好朋友」，因為身為告訴人，就必須出庭。他訕訕的經過我們旁邊，低聲的想解釋什麼，但是支支吾吾的說不出話來，只能點頭後說：「伯父、伯母，你們好。」

他父親比較激動指著他說，「我不是你伯父，沒這個資格。你也不想想，你在美國的時候，我們家怎麼照顧你，我兒子把你當親兄弟，你有什麼臉告他?!」

他低著頭沒說話。但是我的眼角餘光瞥見了一個肥胖的身影，就待在走廊的另一端，他低聲提醒我，「就是那個法務。」

關於這件事，如果與這個法務連結在一起，我就大概了然於胸。

「你那個所謂的兄弟，有沒有被他們聲請本票裁定？」我問。

「在接到傳票之前，我問過他，他吞吞吐吐的不肯說。似乎還沒收到。」他說。

「他是不是家裡沒有資產？」我進一步問。

「他是孤兒，我爸媽就是因為這個理由，特別疼愛他。」他氣憤的說。

「難怪。」我恍然大悟。「難怪他不怕任何本票。其實，就算一億元的本票他也敢簽啊，因為他根本就豁出去了。」

終於輪到我們開庭，是由檢察事務官負責調查。

檢察事務官，是檢察官的助手。開庭時，他們不用穿上法袍，也不能讓當事人具結當證人、不能聲請羈押、不能緊急搜索等，權力相對來說，比檢察官要小許多。在實務上，目前檢察事務官大多是協助檢察官做初步的偵訊，或者協助搜索扣押而已，主體性相對薄弱。

檢察事務官客氣的先對被告以及告訴人做人別訊問，確認他們的個人資料。接著就詢問告訴人所要提告的內容。大致上就是告訴人主張被告曾經以公司的公款去香港旅遊，還有部分開銷用於私人手上。這個「好朋友」的語氣顫抖，彷彿他是被告，不是告訴人。

他脹紅了臉，在開庭中數度想開口，但是都被我制止。他低聲的說，「我覺得他的說法很過分，因為這些款項他也有用到。現在他卻只講我的部分而已。」

我點點頭，沒有多說話。

檢察事務官大概詢問完情況後，請被告答辯。

他站起身來，詞不達意，畢竟中文本來就不好，遇到這種情況更是緊張，但是大致上也是說，這些錢他固然有使用，但是都是經過告訴人同意，而且他都沒領到薪水，這些錢就算是給他的也不為過。

我與檢察事務官同時皺起眉頭，因為這樣的說法很糟。畢竟公司的款項，就叫做公款，許多一起創業的朋友，一開始都不會計較，所以記帳浮濫，但是等到拆夥翻臉，這時候就有很多爭議，沒辦法說清楚，而帳冊也付之闕如。

「合夥容易、拆夥難」，不是嗎？

在他詞窮緊張的時候，我也沒閒著。我把公司的傳票、帳簿，快速的瀏覽一遍，突然我眼睛一亮。

我站起身來補充，「事實上，告訴人在被告到香港前半年，曾經帶女友一起到巴黎，也是使用公司的款項，有旅行社代收轉付收據為證。」我看了告訴人一眼，「如果我們是業務侵占，身為公司股東，我們能不能也認為，告訴人也同樣有侵占公司款項的行為？」

檢察事務官看了我們庭呈的傳票，問了告訴人，「這是怎麼回事？你為什麼只給一半的傳票，這些東西你完全省略？」

他原本慘白的臉色更因為緊張而煞白，完全說不出話來。檢察事務官揮揮手，叫他回去想想以後，再來解釋。

出門以後，我叫住他，這個好「兄弟」。

「我問你，你是不是被他」，我比了一下遠處的胖子，「逼迫要來告你的朋友？」

他再也忍不住緊繃的情緒，蹲下來哽咽，「我沒辦法，不然他們說要告我。他們說只有你有錢，我什麼都沒有。如果我不告你，逼你把錢吐出來，就要讓我一輩子做白工。我怎麼可能賺得到五千萬！」

遠處的法務看到我們，有點想過來阻止他，但是很遲疑。

我瞪了他一眼，一副你要過來就給我試試看，我比你胖！

我拍拍他的肩膀，「你撤回告訴好不好？你的本票我來想辦法。」

他還是蹲著，但是止住眼淚。「真的可以嗎？」

我點點頭，然後往法務的方向走去。他似乎沒料到我會過去，有點慌了手腳。

我笑著跟他說，「請你跟你的老闆報告一下，本票上面沒有日期，是無效的。」一邊按下手機的錄音鍵。

他有點憤怒，「怎麼可能，日期是我填的！」

我把手機在他面前晃了一晃，「果然是你填的，我們決定告你偽造有價證券。」

他有點傻眼。

三週後，我們雙方簽署了和解書，上面載明返還他朋友的本票，以及已經裁定的本票不予以執行。

沒多久，不起訴處分書也寄到當事人的手上，但是無論如何，他們已經無法和好如初。

「你要繼續從事軍火仲介的工作嗎？」我問。

「不了！」他笑得很開心，我注意到他的皮膚明顯黝黑許多。「我現在改行了，做網路的鋪設，我利用我在美國的人脈，找了外資來建設台灣原住民部落的網際網路設備。這可以賺錢，又可以做好事。」

我們都笑得很燦爛，畢竟內心的幸福，得來不易。

不是嗎？

台北
SAYONARA

整件事情讓我頭痛，
因為似乎像是《台灣靈異事件》之類的八卦肥皂劇情。

這個家族的成員把會議室擠得滿滿的，我粗略算了一下，大概有十來位。年紀最大的爺爺，愁容滿面，直嘆氣說，「那個地方不能住人了。」

「不能住？」我問。「是漏水還是海砂屋？」

閩南話說，「醫師怕治嗽，土水怕抓漏」。漏水這種事情很討厭，處理的師父往往很難根治。一旦房屋漏水，光是要查出來究竟是樓上還是自己的管線有問題，就已經很煩惱；更別說如果樓上不讓自己去查，那就更是頭痛。

阿嬤膽怯小聲的說，「房子不乾淨啊！」

為了全家人能住在一起，大兒子著實花了點時間找房子，特別在台北市內更是如此。他們希望可以找坪數大一些的房子，但是價錢又不能太高，所以花的時間就得要更多。

三個月前，他們終於找到一間理想的公寓，包含頂樓加蓋，共有將近一百坪。為了確定頂樓加蓋可以使用，他們在先前就確定是民國八十四年以前就已經加蓋，因為根據台北市的單行法規，在這年以前加蓋的違建可以緩拆。如果樓上的加蓋建物折算坪數，一家團圓的機會就有了。

重點是，頂樓加蓋部分，屋主不算錢。

我聽到這裡，心裡覺得有疑問，「不算錢？天下沒有白吃的午餐。你們不覺得怪嗎？」

「唉，我們當時以為，樓下每坪單價偏高，可能已經攤在加蓋的坪數裡了。」大兒子補充說。

他們很快的就在仲介那裡簽約。契約上載明，「頂樓加蓋部分不列入買賣標的物中。」

接著，一家人開始準備裝潢，並且把原來的隔間部分拆除。他們的規劃是讓父母、神明桌在頂樓，而他們與其他孩子在樓下。

開始施工以後，就出了問題。設計師找了工人，要來拆除頂樓原本的鐵皮屋，但是機器只要啟動後約一分鐘，就會故障，現場查不到任何問題，拿到樓下以後就回復正常。工人只能暫時以手動的方式進行，但是進度非常緩慢。而且，只要當天進場的工人，回家後就會有不明的高燒，三、四天後才退。

拆除工作始終沒完成，設計師向大兒子說，「這房子有問題」，但是大兒子完全不相信。他決定親自監工，「一定是設計師找藉口，怎麼可能會這樣！」

那天，他帶著五歲的孩子，還有設計師一起到現場，準備談談應該怎麼解決。

他從五樓上頂樓，一進去就覺得有點暈眩。不過他想，可能是昨天沒睡好，設計師似笑非笑的看著他。「有感覺嗎？」他問。

大兒子搖搖頭，沉默不語。

他們開始討論工期延誤的損失，設計師認為這是非人為因素，不能對他罰款。大兒子則是說，他們現在的租約已經快到期，不論如何一定要想辦法完成施工，不然一家人就得無家可歸了。

設計師無奈的聳聳肩。大兒子憤怒的握著拳頭向他說，「你說有鬼，鬼在哪裡?!」

設計師指向他女兒那裡，「你自己看。」

大白天的，晴空萬里。他的女兒卻抬頭在跟空氣說話，還伸出手作勢要打勾勾。

他一整個背脊涼了起來，就像掉進冰庫中。急忙把女兒叫到自己身邊，三步併作兩步就要離開。

設計師在他背後大喊說，「我感覺得到，是老人，上吊自殺的。」

女兒天真的向空氣揮揮手，「爺爺再見」，大兒子頓時更覺得陰風慘慘。

我聽到這裡，再也忍不住，「這也太怪力亂神！」

大兒子苦笑道，「我也這麼覺得，可是，我爸媽堅持不能住下去了，他們不想買這間房子。」

目前看起來，這「像是」凶宅。我之所以說「像是」，是因為所謂的「凶宅」，並不是法律上的名詞，只有在內政部於九七年間制定的「不動產委託銷售契約書範本」第十一項中，有談到類似的概念：「本建築改良物（專有部分）於賣方產權是否曾發生兇殺或自殺致死之情事』，係指賣方產權持有期間，於其建築改良物之專有部分（包括主建物及附屬建物），曾發生凶殺或自殺而死亡（不包括自然死亡）之事實（即陳屍於專有部分），及在專有部分有求死行為致死（如從該專有部分跳樓）；但不包括在專有部分遭砍殺而陳屍他處之行為（即未陳屍於專有部分）。」

簡單來說，所謂的凶宅，在內政部的解釋中，必須符合「事故發生在賣方產權持有期間內」「必須發生非自然死亡，也就是凶殺或自殺，如果是自然死亡或是意外死亡不算。」「事故發生在專有部分，如果是砍殺，死在別處就不算。但是跳樓自殺，那麼就算。」這三個要件。不過，在司法實務上，解釋所謂「非自然死亡事件」，並不放在死亡原因之限定，而是著重在死亡事件是否足以影響住戶心理或房屋交易之價值。如果足以影響，就屬於「凶宅」。舉例來說，獨居老人死在屋內，隔了幾個月後才被發現，不論是自殺或他殺，可能都適用實務上「凶宅」的概念。

「我想，是不是凶宅，還得要進一步了解。」我說，「不過，你們這個買賣契約相當麻煩，對方一定有高人指點。」

「為什麼？」大兒子有疑問。

「你們看，就這個買賣契約來說，只有約定五樓的產權而已，至於頂樓，特別在契約有約定，這是屬於贈與。」我說。

「這意思是？」大兒子似乎也聞到不尋常的氣味。

「意思是說，根據民法四一一條的規定，贈與別人物品，不需要負擔瑕疵擔保責任，除非明知道有瑕疵，不告知對方，而且已經造成對方損害，這時候才能請求賠償。」我說，「更何況這是『公有部分』的問題，即便不是違建，恐怕也不能適用內政部所謂『專有部分』發生非自然死亡的定義。」

我頓了一下繼續說，「這應該就是高人指點的部分，特別在契約裡約定，頂樓部分並非買賣範疇，這樣就可以躲避瑕疵的擔保。」

眾人面面相覷，除了小孩子不曉世事外，其餘大人默不作聲，似乎覺得自己不懂法律，吃了大虧。

「也沒那麼嚴重啦。」我連忙打圓場，「我們先從頂樓發生過什麼事情開始了解，說不定根本就是虛驚一場哪！」

我想，第一個要查證的對象還是設計師，因為我對於設計師最後喊，「往生者是上吊自殺的老人」，感到很有興趣。

設計師到事務所來，滿頭霧水，因為不知道怎麼會有律師要找他。

自我介紹以後，簡單的寒暄兩句，直接問他，「你怎麼知道那個地方有個老先生上吊自殺？」

設計師神祕的靠近我，低聲跟我說，「因為我看得到。」

「啊?!」我懷疑我聽錯了。

「真的。我小時候開始就有這種『能力』，經常會看到所謂的『好兄弟』。所以我後來當設計師的時候，如果有『好兄弟』在場，我都會先跟他們溝通，這是我生意不錯的原因之一。我……」他滔滔不絕的說著，但我打斷了他。

「等等，我對這些事情沒興趣。」我說。撇開我是律師的身分，我覺得很有趣，但是現在不是聽「靈異傳說」的時候。「我只想問你，你感覺到什麼。」

「從第一天進去施工，我就看到一個老人家在現場，操著粵語口音，叫我不要打擾他的『生活』，他的脖子還有勒痕。」他輕描淡寫的說。

我聽起來覺得很不可思議，「然後呢？」

他聳聳肩，「我不會講粵語，我只會簡單聽而已。我唔識共！所以，我沒理他。」

我送走了設計師。整件事情讓我頭痛，因為似乎像是《台灣靈異事件》之類的八卦肥皂劇情。

所以，我決定不再相信這種「怪力亂神」的「傳說」，直接到當地警察局查閱此屋相關的資料。

透過屋主的同意，以及議員朋友的幫忙，警方相當客氣的接待我。然而，他還是告訴我，這些資料不能抄錄與影印。

「大律師，有必要的話，你們可以請法院函詢。警方同意你的調閱，是因為現任屋主的同意。」他嚴肅的說。「不過我也很懷疑，他們事前為什麼不多問鄰居或是里長，關於這間公寓的問題。」

「喔？」我還沒看資料。「什麼問題？」

警察皺著眉頭說，「一年前，曾經有個香港人，因為久病厭世，在頂樓上吊自殺，當時負責聯繫的同仁就是我。」

我心頭一驚，暗呼好巧。「老年人？」

「是啊，你怎麼知道？」警察也好奇。

「猜的。」我只能打哈哈混過去。「久病厭世嘛，通常是老年人。」

「年輕人，不一定喔。棺材裝死人，不裝老人。」警察哈哈笑的說。

我倒是笑不出來，因為我得開始解決法律上的問題。我總不能跟法官大人主張，設計師可以證明，「這裡有鬼！」

如果法官是道教或佛教徒也就算了，如果是基督教徒，我可能當場被移送律師懲戒。

現在掌握的證據，應該去年有一位房客在頂樓自殺，這是可以確定的。去年的產權是賣方所有，通過第一個檢驗；自殺，算是非自然原因死亡，通過第二個要件；但是，第三個要件呢？他的自殺事件，發生在頂樓，應該是公有，而非專用部分。遑論這個頂樓的使用權，還是賣方附贈。

如果要進行民事訴訟，第一個殺頭的恐怕是我。我除了得向法官說明，發生事故的頂樓必須算是專有部分外，還得要證明，即使契約上註明，頂樓是贈與，但是從總價來計算，頂樓也不應該算是贈與。

這難度太高，我立刻放棄這個想法。我決定提出刑事告訴，也就是詐欺。

基本上，刑法中詐欺的構成要件非常嚴格。必須要「施用詐術」、「使人陷於錯誤」、「進而交付財物」。後兩者應該是有的，畢竟當事人確實被騙，如果知道頂樓有事故，就不會想買這個樓層，是否贈送頂樓，一點也不重要。而事實上，他們也將現金交給對方。但是，詐術在哪裡？

也就是說，我必須要證明，屋主知情，而且故意知情不報。這種沉默不語的意思表示，也有詐欺罪的適用。

當天晚上，我重新把房屋買賣現狀說明書看了一遍。確實在說明書上，賣方是勾選，「『專有部分』保證無事故發生，也絕非海砂屋與輻射屋」。而警方的職務報告中，也沒有提到賣方，也就是房東曾經出面解決這件事情。

但是，從網路的舊新聞中，總算讓我找到一份資料。

在提告詐欺前夕，我還是約了賣方到辦公室見面，希望可以有轉圜的餘地。

賣方是個老人家，帶著他的兒子一起來。買方則是大兒子，以及我。

「您要不要找律師一起過來談？畢竟這件問題涉及到法律的相關疑義。」我簡短的說。

「不用不用。」他搖頭。「我兒子就是律師。」

剎那間，我完全明白，原來這份契約就是兒子律師的傑作。

「那麼，不知道賣方的意見如何？這份契約是寫得很好，但我們還是認為這樣的行為涉嫌詐欺。」我很強硬的說。

「詐欺?!」律師笑著說，「我父親真的不知道這件事情。因為當時房客的女兒有來台灣處理後事，但是擔心我們提告，所以向我們說，他父親回香港了。」

我心裡萬般不相信，暗罵了一聲。直接把兩份報紙拿給對方看。「這是我們找到當時的報紙。看來，您父親有接受採訪。」我冷靜的說。

「要和解嗎？」我再次確認。

最後，我們簽了和解契約，賣方同意解除買賣契約，還給買方所有的價金。

「我們決定搬去鄉下，跟台北說再見了。」大兒子說。「要讓一家人都住在一起，我們還是決定買鄉下的房子就好，台北買不起。」

我點點頭，也祝福他們。

孔子說，「未知生，焉知死」，因此，他鼓勵我們去追尋生命的意義，而非把精力放在死後的世界。然而，他也同時認為，「敬鬼神而遠之」。「敬」，就是我們對於不可知的人、事、物，以及這個未知世界的尊敬。

至少我是這樣想的。

我話事

這是一場郭桂彬對高捷的談判，
其實這些人不過就是要錢而已……

晚上大概十點多，剛與辦公室同事結束會議。手機鈴聲不太尋常的在這時間響起。通常，這時候打來的電話，除非是認識的號碼，否則接起來的可能性不大，畢竟這時候法院沒開門「營業」，如果是緊急的刑案，那麼也應該有法律扶助基金會的律師可以接手。

但是，當下就是接起來了。

「你是律師嗎？」話筒另一端聽起來是個老婦人，怯生生的用台語問我。

「我是。」聽起來她的聲音很疲累。「有什麼問題嗎？」

「還好你可以講台語。」她說，「我不會講北京話。」

說到這一點，我就要感謝父母從小跟我說台語，讓我的北京話與台語一樣理想。我要認真說起來，北京話聽起來就像是陳雲林；台語聽起來就像是郭桂彬。目前的遺憾是不會說客家話，到苗栗開庭的時候，會覺得沒這麼容易使上力。但是全程以台語開庭辯論，我倒是可以做得到。

「沒問題，你怎麼這麼晚打給我？」我問。

「因為我睡不著。」她說。「我收到法院的公文，說我欠一個人四百多萬元，我強強快要嚇死了。」

又是詐騙集團偽造的法院公文！我本來想直接告訴她，不用在意，如果是詐騙集團宣稱要「強制執行」某某的財產，直接把這種「公文」去垃圾桶就好。但是，我覺得還是問問好。「你收到的公文上面寫什麼？是不是要去強制執行你的財產？」

「不是，上面寫支付命令。」她一字一字的說，聽起來既遲疑又陌生。

「支付命令？」我覺得內情不是很單純了。「上面寫什麼？妳甘看有？」

她似乎找了老花眼鏡來閱讀，「有，我有念國中補校。我看得懂字，只是看不懂什麼意思而已。」

「上面寫，我欠人家四百五十萬元，還有從收到這張命令開始的利息，如果有意見，二十天內要去法院異議。」她還是遲疑很久，才逐字念出來。

「阿嬤，妳有沒有兒子或女兒跟妳一起住？可不可以請他們來聽電話？」我問。這應該是法院所核發，真正的支付命令。

「我頭家過身了，現在只有一個兒子，但是伊人在台北。」她有點哀愁的說。「厝內只有我一個人而已。」

「妳不住台北喔？」我問。

「我住彰化。」她說，「你可以幫我嗎？」

幫妳?!那有什麼困難。「妳要不要明天去員林的法院，那裡有服務處的公務人員會幫忙處理。他們會幫妳找出範本，讓妳可以抄異議狀，直接給法院就好。」我說。

「但是我要抄哪一篇？」她問，似乎很不確定。

「是喔，那妳會寫字嗎？」我問，既然如此，我乾脆「背」給她聽。「我要妳一個字、一個字的記下來。然後明天到法院去，把我念的內容請人家幫妳看，然後抄一遍。妳要寫的，是支付命令的異議狀，對，就是妳看到法院命令上的異議兩個字。然後，妳就把上面的案號、當事人、住址寫上去，聲明就寫，『鈞院』（對，就是左邊是金的那個鈞，院，就是法院的院。）『幾年幾號』（你就把案號再寫上去一次）支付命令，『因兩造間尚有糾葛』（就是因為的因，兩造，不是那個走路的走，是造成的造，間，就是房間的間，尚，就是高尚的尚，糾葛，就是唉唷，不要寫這兩個字好了，好難說，妳就說尚有爭議好了，爭執的爭，議，就是異議的議），『在此聲明異議』，然後蓋章、寫上日期，這樣就可以了，懂了嗎？」我講完已經是滿身大汗。原來要用台語解釋中文怎麼寫，還真困難。

「妳記得要再拿給法院的人員看一次，不要出錯了。」我說。

「好，我總算可以睡了。」她聽起來的聲音如釋重負。「你人真好，我這兩天攏未吃未睡。」

她掛上了電話。但是，我突然想到剛才忘記問她，什麼時候收到這封支付命令的；還是什麼樣的原因，讓老阿嬤寧願「上網路」找律師，而不願意找她的兒子來處理？我心裡浮起這個疑問，但是我終究還是沒問。「甲爸緊睏！」我簡短有力的用了廣告台詞，「有問題再問我。」

有，為什麼會有這種東西在她家？因為聽起來不像是詐騙集團。

支付命令，在民事訴訟法上是一種簡便的討債方式，專業術語稱這種方式叫做督促程序。跟一般民事訴訟比較起來，支付命令相當理想。只要是欠錢的問題，對方又願意承認，交給支付命令就好。基本上，有對方的姓名與戶籍，附上簡單的證據，無論金額多少，只要繳交五百元給法院，法院就會發出支付命令給對方。對方只要在收到後二十天內，沒有向法院異議，支付命令就會確定，效力就與確定判決一樣，可以強制執行。不用開庭、不能上訴，實在是居家旅遊、討錢滅口的必備良伴。

然而，收到支付命令，也不用擔心。不用附上任何理由，只要在收到起二十天內，到法院一趟，寫張狀紙表示異議，這張支付命令就會失效。除非對方提起訴訟，否則這齣討錢鬧劇就會煙消雲散，就像是什麼事情都沒發生過。

阿嬤的事情結束了嗎？當然沒有。兩個多月以後，我又再度接到了她的電話。

「律師，金歹勢，我又來找你了。」阿嬤的聲音聽起來更難過了。

「怎麼了？」我心裡浮起不祥的預感。

「我又收到法院的命令了。」她說。

「叫妳去開庭嗎？」我問，信心滿滿的說，「不用擔心，妳就去，法官會給妳主持公道。」

「不是的，律師，上面寫說是執行命令，說要來查封我的房子。」她焦急的說。

「啊！」我脫口而出驚嘆號，「妳上次的支付命令不是去異議了嗎？」

「我之前有被詐騙集團用法院的公文騙過，所以我想說再等等看。」她滿懷歉意的說，「結果過了兩個禮拜以後，我才打電話過去法院問，他們說已經過期了。」

「唉唷！」我幾乎要罵出口，「妳這樣問我是要幹嘛？」

「律師大人，拜託你幫我處理看看，我的厝要被拍賣了，怎麼辦？」她開始抽抽噎噎的哭泣。

「好啦。」我說，「我先來閱卷，妳這兩天上來找我，我看看有沒有辦法救。」

其實我心裡覺得，支付命令都已經確定，能救的機會，實在不大。但是，也只能盡力先了解情況。

桌上攤著閱完的卷。是阿嬤授權我們律師先去地方法院印出來的資料。

「阿嬤，這裡為什麼有一張妳簽的支票?!」我不太高興的問她。

法院，並不是只要債權人聲請支付命令，就會照單全收，想發什麼就有什麼。舉例來說，如果有個先生小姐，認為馬總統應該把薪水捐給他，所以發了幾千萬元的支付命令給法院，法院只會依法駁回，或是要這位先生小姐補充證據，說明為什麼馬總統必須把錢給他。換句話說，要聲請支付命令，還是得要有基本證據，法院並不是詐騙集團說該發什麼，就會發什麼。沒有證據，原則上司法事務官是不會因此而核發支付命令的。

「我也不知道。」阿嬤顫抖的說，「這不是我簽名的。」

我立刻請阿嬤簽名十次，準備要核對。但是我看了第一次的簽名，我立刻就知道不是她簽的。阿嬤的字歪歪斜斜，無法一氣呵成，但是這張支票的簽名，上面卻是字跡工整，看起來像是男生寫的字。

「我知道不是妳寫的，那麼應該是詐騙集團偽造的。」我說。「沒關係，我們來打官司，會贏的。」

基本上，要把支付命令的效力打掉，非常困難。實務上曾經有學者認為，要打確認債權不存在之訴，白話文來講，就是要法院確認根本沒這個債權。但是因為支付命令已經產生既判力，所以其實是沒辦法請求法院這麼做的，這樣只會敗訴而已。現在實務上都會以「再審」的方式來處理，也就是說，就像是法院判決確定以後，如果發現送達不合法，或者審理的證據是偽造的，那麼就可以請求法院再重新審理。

什麼是送達不合法？

法院的文書，除非當事人要求，不然一定要寄到當事人的戶籍地，才會發生效力，這就叫做送達。許多人住的地方與戶籍地不一樣，前者叫做居所，後者叫做住所。如果阿嬤的戶籍（住所）不在彰化，只是住在（居所）彰化，那麼這樣的送達就會不合法。確認過阿嬤的戶籍謄本後，阿嬤確實住在戶籍地，所以這招行不通。

送達，不一定要親自簽名才會是合法送達。只要是戶籍地裡的同居人、受僱人等等，幫忙簽名確認收到，就已經是送達。最可怕的還是公寓大廈的管理員，如果管理員收到訴訟文件，即使沒有交到當事人手上，時效就已經開始進行。所以有些人會要求管理員，不要收訴訟文件。

但是這也不是萬全的方法，因為有些法院文書，寄存在警察局，也是送達、公布在法院，也是送達。萬一因為這樣漏掉到刑事庭開庭的文書，可能不小心就會被警察拘提或是通緝，這樣更不好。

阿嬤不能主張送達不合法。但是她能不能主張支付命令的證據是偽造的？看起來，這張支票的簽名是偽造的，應該有機會。但是，我覺得阿嬤的眼神在閃爍。

「阿嬤，妳要跟我說實話，這是妳的簽名嗎？」我口氣有點嚴厲了。

「啊！這不是我簽名的。」她開始慌張，「但是……」

「但是啥？」我追問。「妳兒子簽名的，對不對？」

「你哪會知道！」她脫口而出，直接承認了這件事情。

我嘆了一口氣，我當然知道，這是地下錢莊慣用的手法之一，妳以為自己的孩子滿二十歲，以後的行為與自己無關嗎？

當然有關，親人的關係，是一輩子切不斷的，哪有辦法無關？地下錢莊現在的新手法，就是孩子借錢，簽父母親的支票或是本票。因為父母到時候要是否認有簽署過這張票據，孩子就是涉犯偽造有價證券，最低刑度三年以上。

拿一百萬元換三年？只要父母有點經濟能力，基本上都會願意付。誰願意指證孩子偽造自己的簽名，讓孩子進去牢裡三年？

「妳把妳兒子找出來！」我嚴厲的說。「可以嗎？」

老媽媽點點頭。

兒子看起來很斯文，但是表情很緊張。

「這是你簽名的沒錯吧？」我直視著他。

他艱難的點點頭。

「你向地下錢莊借了多少錢？」我問。

「兩百萬元，一期十天八分。他要我用我媽的名字簽名。我心裡想，反正簽她的名字沒差，她就說不是她簽的就好，我就簽名了。」他說。

一個月五十四萬元的利息，他怎麼可能有辦法承受！我搖搖頭，不可置信他會這麼處理事情。

「利息很高，你知道嗎？」我問。

「我不知道。」他說。

「你現在涉嫌偽造有價證券，最低刑度三年以上，你知道嗎？」我嚴厲的問。

「啊！我不知道！」他有點驚慌。

「你這也不知道，那也不知道，就只知道借錢而已！」我不客氣的說。「要不是看在你媽的面子上，我不會想處理這件事情。」

「誰要你簽名的？」我問。

「借我錢的老闆，我可以找到他。」他趕緊說。

「你跟他約時間，我要跟他見面。」我心裡嘆氣。

這是一場郭桂彬對高捷的談判。其實這些人不過就是要錢而已，但是過程其實很膽顫心

驚，即便是我，也得做好準備。

他們派了兩個人來到事務所，我這裡，只有一個人。

助理們擔心我的安危，但是我倒是看得很開。其實他們尊重講道理的律師，也知道我們只是「話事人」，不需要為難我們。

他們並沒有穿花襯衫，當然更沒有戴墨鏡，連檳榔都沒有。

「大律師，五百萬元的債務，你們打算怎麼處理？」年紀比較輕的那個男子先說話。「我們可是有法院的執行名義。」

「沒怎麼辦。」我聳聳肩，「我話事！就是兩百萬元解決。」

「哪有可能！」他說，「他敢說這張支票是他偽造的嗎？你也知道，這是要關的。」

「這本支票是你們提供的。」我說。「你們也是共犯，到時候抖出來，你們不會比較好。」其實我的手心有點冒汗。

他的臉色變了。正要說什麼的時候，比較沉穩的另一個人制止他。「大律師，那麼，我們就兩百萬元解決。」

我心裡鬆了一口氣，正要說謝謝，他打斷我的話。

他揮了揮手，「不用說什麼。這是我小弟的疏忽，忘了叫他拿自己的支票來簽名。我認栽。」

他站起身來。「我們就兩百萬元和解，我會請我的小弟來跟你畫押。今天就到這裡了。」

他立刻起身離去，整個談判過程，就十分鐘不到。

房子後來還是拿去貸款了兩百萬元，但是至少保住了房子沒被拍賣。媽媽帶著孩子，再度來事務所。媽媽差點沒跪下來，而孩子則還是有疑問。

「律師，為什麼你沒有跟他說，一毛錢也不要還？既然他們已有把柄在我們這裡？」他問。

「你就是拿了人家兩百萬元，能脫身就不錯了，你腦袋在想什麼?!」我有點怒氣。

他沒有再說話，雖然不以為然。

我還能說什麼？畢竟，我幫的是母親，不是孩子。

阿嬤的話

偵查庭前的氣氛很不尋常，
因為受害人與加害人的年紀，竟然涵蓋老、中、青三代。

這個父親看起來很憔悴，但是我不打算接下他的案件。

沒有為什麼，只因為毫無勝算。

他神情落寞的帶著地方法院的判決書來找我，但是我看了判決書後，立刻回絕了他的要求。

「這件訴訟幾乎沒有上訴的空間，你委任我做什麼？」我問。

「我只是想和解，我沒有辦法支付全額。如果不上訴，案件確定以後，我跟孩子就要連帶負擔將近兩百萬元。我希望你可以在上訴以後，幫我談和解。」他滿臉無奈的說。

這件案件，是附帶民事賠償。他的十七歲孩子，竟然假冒書記官，向被害人收取所謂的「保管金」。少年法庭裁定保護管束，但是被害人還是提起附帶民事賠償。所謂附帶民事賠償，就是在檢察官起訴、或是少年法庭裁定少年有非行（少年事件對於少年犯法這種事，不稱為犯法，稱為「非行」）後，被害人可以向法院提起刑事附帶民事賠償，不需要繳納裁判費。

這件訴訟，他的孩子盜領的金額確定、犯行確定、未滿十八歲也確定，因此他與孩子依法當然要連帶賠償被害人。案情單純、金額無可爭執，我很難幫助他在上訴時取得任何利益，接這樣的案件，實在沒有必要性。

「律師，我希望你可以幫我處理這件案件。不然我的工作已經快沒了。」他老淚縱橫的說。

「你兒子犯錯，跟你的工作怎麼會有關係？」我好奇的問。

「因為我在大陸工作，法院每隔一個多月，就得開庭一次，我實在沒辦法這麼頻繁的回來台灣開庭。」他說。「老闆上次已經跟我說過，如果真的這麼想回台灣，乾脆辭職回來吃自己。我實在不能再請假了。」

「那你就不要上訴啊！」我說，「不上訴，問題不就解決了。更何況，我已經告訴過你，這件案子在法律上能爭取的空間幾乎是零。你等於一上訴，就注定了上訴駁回的命運。」

「沒關係。」他打斷我的話。「我希望你可以幫我跟對方和解。我上訴，不是一定要打贏這場官司，而是希望可以用比較低的賠償金額解決這個問題。」

「但是，我沒有把握對方會接受和解。」我說。

「我現在沒有任何的不動產，以後大概也不會有。」他慘然的笑，「至於現金，我的薪水都在大陸，雖然不多，但是他也查扣不到。我之所以上訴，真的是有心想要賠償，但是我在一審的時候，與對方談和解，對方都不願意接受。我想，請大律師你出馬，一定沒有問題。」他最後送了頂高帽子給我。

「問題可大了。」我無奈的說，「最後他會說，你有錢請律師，卻沒錢賠償他」，被害人往往都會這麼向被告說。

「總之，我拜託你了。」這位父親焦急的希望我一定要幫忙。

「我有三個訴求，希望你可以同意。第一，我希望你可以優先籌款還被害人，至於律師費可以晚點付；第二，你要知道，我沒辦法保證一定可以和解，也沒有把握可以勝訴。事實上，可能沒多久之後，法官就會駁回上訴。最後，我要跟你的孩子見面聊聊。」我緩慢但是確定的說，「如果你同意上面三個條件，我才會接受你的委任。」

「可以。一切拜託了。」他立刻起身鞠躬回應。

這件案件，幾乎沒有上訴的空間。意思是，我可能連上訴理由狀都寫不出來。想了良久以後，我決定從民法一八七條著手。所謂的民法一八七條，是用來規範未成年子女如果侵害別人的權利時，父母需負連帶賠償責任的條文。未成年人在法律上，如果是七歲以上、未滿二十歲，我們稱為限制行為能力人；如果是七歲以下，我們稱為無行為能力人。但無論是限制或無行為能力，只要犯錯侵害到別人，父母「原則上」都需要連帶承擔賠償。

所謂「原則上」，是在這個條文裡的第二項有設下但書。也就是說，如果父母能證明他們的監督並未疏懈，或者縱然加以相當的監督，仍不免發生損害時，就可以不用負賠償責任。其實這個理由很弱，而且實務上很少採用這種抗辯。然而，這總比什麼理由都找不到好多了。

難題來了，我必須得證明，這個父親有認真監督這個孩子。然而，實情是如此嗎？我可能需要跟父母再度談一談。

不幸的是，父親在第二天就回去大陸工作。我只能等待三週後，才有機會與他以及他的太太再度見面。不過這還不會影響到訴訟，因為上訴到高等法院，移送卷宗還會需要一點時間，三個星期應該是足夠的。

不過，事情總會在意想不到的地方出現變化。僅僅隔了一個星期，凌晨三點多，我的電話響了。我從睡夢中醒來，一邊咒罵自己為什麼忘了轉為震動，一邊端詳著號碼，思索要不要把電話接起來。這個號碼並不認識，看起來是大陸的手機號碼。想了幾秒鐘，我嘆口氣，還是接起電話。

「律師，我是孩子的爸爸。這麼晚打擾你，非常不好意思。」父親滿懷歉意的說。

「不會晚，是早。」我沒好氣的說，「究竟是什麼大事，讓你會在凌晨將近四點打給我？」

「我孩子現在又被警察拘留，正在警察局做筆錄。」他語氣轉為氣急敗壞。「我不知道他到底怎麼了。」

「沒怎麼了，應該是『重操舊業』而已，明天幫你問問。」我語氣輕鬆，但心情沉重。

「律師，在這件委託你的案件之前，我已經幫他和解了六件。我實在已經沒有能力再承擔了。」氣急敗壞之後，繼之而來的是哽咽。「我現在很想從公司大樓跳下去。」

我又好氣又好笑，「有什麼好跳的？你當做是跳舞嗎？能不能麻煩你冷靜一點？我明天幫你處理。現在太晚，什麼也問不到。」

他千感謝萬交代的把電話掛斷，但是我的睡意已經全消。「如果真的又是幫助詐欺，我真的不知道該怎麼幫忙。」躺在床上，我翻來覆去的想著，該跟這個孩子說什麼。

模模糊糊的睡著，夢中有個孩子嘲笑我，「我是少年犯，你們要保護我！」手邊卻拿著一把血淋淋的刀，我滿身冷汗後嚇醒，頭很痛。

\\\\\\\\\\\\\\\\\\\\

第二天，我跟警方聯繫，據說是因為提款時已經被跟監，警方並且在他身上又搜出好幾張提款卡。我把這個訊息告訴他的父親，口氣聽起來，這個父親已經幾近昏厥。他語帶哭音的說，「要我現在回來台灣嗎？」

「不用，既然已經交保，你拜託你老婆把孩子帶過來給我。我想跟他談談。」我說。

「好，一切麻煩你了。」他放心的說。「但是我要告訴你一件事，我跟我『太太』已經離婚十年了。」

「啊！所以她是你前妻？」我問。「她跟孩子住一起？」

「不是。她已經改嫁了。現在她住在台東，孩子在台南東山，由我爸媽照顧。」他說。

「很好嘛。孩子的爸媽一個在台東，一個在東莞，孩子住在東山。都有個東字，也算近了。」我語帶諷刺的說。「你們有關心過孩子嗎？」

他沉默不語。許久後，他勉強擠出一句話，「我得賺錢。」

「賺得的錢都用來賠償？」我還是沒放過他。

「律師，我盡力了。」他求饒的說。

「盡力賺錢？還是盡力照顧孩子？」我問。

「都有！你不知道我有多苦悶！」他終於爆發，吼了出來。「你要我怎麼辦！」

我們在電話兩端沉默很久，不知道是誰先掛上電話。

他母親戴著口罩，看不出表情如何。孩子很瘦小，看起來不像剛滿十八歲，反倒是看起來像是國三的學生。

「你知道你犯了什麼錯？」我問。

「我不知道，我只知道老闆叫我去提款，他說，這些是他職棒簽賭的錢，不是詐騙。」孩子不服氣的說，「我幫他領錢，他會給我兩千元當酬勞，又不是詐騙，你幹嘛要這麼兇？」

「喔？如果是我的錢，我幹嘛不自己去領，要給你兩千元當酬勞去領？」我問，「什麼理由有差嗎？你不會反問他，既然是合法的錢，為什麼他自己不去領？更何況還一次給你兩千元的酬勞？你以為很好賺？」一連串的問號，逼得他沒有辦法回答。

「很好嘛！你領兩千元，你爸付二十萬元賠償，你的腦袋非常精明幹練，果然適合這一行。」我不留情的諷刺他。

「律師，我自己做事自己擔，不用他賠償。我會努力賺錢來還這些人。」他倔強的說。

「憑什麼？法律規定，未滿二十歲之前，你犯的所有錯，如果要賠償，你父母就是要負連帶賠償責任。不是你說了算。」我說。「更何況，你能賺什麼錢？高職還沒畢業，花多久時間，你才能賺到二十萬元？繼續重操舊業是嗎？」

他低著頭，一開始沒說話，勉強擠出一句話，「他們對我很好。」

「是很好。你以為帶你去酒店喝酒，給你一點錢，就叫做好？」我激動了起來，「你知道你們老大在家裡藏了多少現金？你領兩千元，他存兩億元。他只不過是利用你們未滿十八歲，罪責不重，所以騙你們當人頭而已，你到底在想什麼？」

「可是我只有賺兩千元，憑什麼要我負擔全部的損失？」他還在強辯。「應該要告老闆才對！」

「如果沒有你，他領得到錢嗎？他敢去領嗎？」我回應他，「你已經不是幫助犯，而是共犯了。而且你已經滿十八歲，不是少年犯，必須移送地方法院檢察署，而不是少年法庭。難道這就是你送你自己的十八歲禮物？」

「老闆說，會幫我請律師，沒有事情的。」他兀自嘴硬。

我轉頭向他媽媽說，「絕對不能讓老闆聘用的律師幫忙。因為偵查不公開，很多老闆為了想知道手下說什麼，所以幫他請律師，以便瞭解檢察官的問話內容。美其名是幫他請律師，事實上是監督這個手下，順便阻撓他認罪，還可以把他在庭上所陳述的內容，全部轉述給老闆知道。」

媽媽只能點頭，「律師，這一件官司還是要請你陪他去開庭了。」

我知道他還沒醒過來，我嚴厲的看著他的眼睛，「有本事，你就來騙我，不要去騙那些弱勢的民眾。你能夠騙走我的錢，是你厲害；但是騙倒沒有知識的老人家，只是廢物而已。你這種劫貧濟富的行為，我很不欣賞。」

偵查庭前的氣氛很不尋常，因為受害人與加害人的年紀，竟然涵蓋老、中、青三代。受害人，只有一個老阿嬤出庭；至於加害人，除了這個剛滿十八歲的孩子外，還有幾個成年人。當然，還有他們的律師。

法警點呼我們的名字，所有人魚貫的進入偵查庭，人山人海。

檢察官先訊問了被告的基本資料，而且告知他們在訴訟上的權利，不外乎就是可以保持沉默、請求調查有利的證據、可以選任辯護人等等。成年人們都矢口否認與本件案子的關係，紛紛推說是這個孩子亂咬人云云，檢察官沒有說什麼，書記官則是靜靜的打著筆錄。

孩子是最後一個問的。檢察官問他是否認罪，孩子膽怯的回頭看了一下我，然後咬牙說，「我認罪。」

就在檢察官要進一步訊問時，老阿嬤突然跪在孩子面前，哭著跟他說，「阿孫，你都可以當我的孫子了，可不可以把阿嬤的錢還我，這是我存了二十幾年的錢，要拿來當棺材本用的，我兩個兒子都死了，只剩我一個人，拜託你好不好，我給你跪，拜託你，我求你。」說完老淚縱橫。「我連吃飯的錢都沒有了，你為什麼要騙我？」

孩子被這個舉動嚇到，求助般的看著我。

檢察官請法警把阿嬤扶起來，讓她坐在後面，阿嬤還是不斷的口中念念有詞，「拜託你，拜託你。」

孩子像是下了什麼決心，或許是想起了扶養他長大的台南阿嬤。「檢察官，我願意作證，指出他們所有的罪行，他們在哪裡藏錢，我都知道，請你去查。」

檢察官看著這個孩子，「我本來要聲請羈押你們這幾位，當然包括你。但是，我希望你把所有的犯罪事實交代清楚，如果沒有串供的情況，我可以再給你一次機會。」

後面的被告席引起一陣騷動，他們沒有預料到會被聲請羈押。

檢察官把孩子留下來單獨訊問，問清楚金錢的流向，準備聲請搜索票。然後讓法警把這些成年人趕到外面去，交代法警不可以讓他們交談，當然包括他們的律師。幾分鐘後，檢察官決定，除了這個孩子以外，全部聲請羈押。

孩子走出偵查庭，抬頭跟我說，「叔叔，在做了那麼多壞事以後，我覺得我今天終於做了一件好事。」

他講完以後，轉過身去，把媽媽剛給他的一千元現金，交給阿嬤，「謝謝阿嬤的教訓，我對不起您。」

阿嬤發著抖，一直跟他道謝。他做得還不夠，但是，我相信他邁出了第一步。

孩子，請你繼續加油。

賭　神

突然理解，這些數字似乎是真實的，
不是大富翁遊戲裡的玩具鈔票。

他是一家音響器材公司的老闆，在十幾年的努力以後，總算有些小成就，今年終於在淡水買了房子，公司也越做越穩定。

如果不是那一天晚上的那場廟會。

那天晚上，幾個朋友找他去廟會熱鬧一下，他沒多想就去了。正當喝得酒酣耳熱之際，其中一個朋友說，「最近有個角頭在附近開了家賭場，我們等等要不要去看看？」

他當場拒絕了，因為他對於賭博，向來沒有興趣。

朋友沒再提，但是結束時，突然又跟他說一次，「我知道你不賭，不過我想去看看，我們這麼久的交情了，我不會害你的。」

他雖然有點醉，但還是搖搖頭說，「老婆跟孩子還在家裡等我，你還是送我回家吧！」

朋友嘆了口氣，「其實是我想去賭，你在我旁邊，至少可以幫我控制一下，如果真的不行，你還可以把我拉走。如何？」

他沉吟了一會，「好，我陪你去，不過也不要太晚了。」他打了電話回家，跟老婆說，會晚點回去，然後就搭上他的車。

果真是幾分鐘，他們就到了老大的賭場，這裡不是住宅區，所以不容易被查緝。他們過了兩道關卡，手機暫時交給小弟保管，又經過搜身以後，總算進了賭場，他們是玩天九牌，大概就是《雷洛傳》裡，雷洛得罪顏同探長的那種賭局。

他看著朋友，在短短的兩小時內，竟然贏了一千多萬！一千多萬！他不知道得要賺多久！朋友得意的看著他，「要不要試試看手氣？」

不知道怎麼地，他突然咬著牙，下定決心玩這一把，看了這麼久，他也大概知道遊戲規則了。不是有這麼一句話，「賭博，通常是新手有機會。」

他接替他朋友的位置，開始下場玩，幾個小時內，賭注從原本的幾十萬，累積到幾百萬，後來開始以五百萬為單位，輸贏互見，然而不知何時，朋友已經離開，而他，竟然輸了一億。

他突然理解，這些數字似乎是真實的，不是大富翁遊戲裡的玩具鈔票。

莊家陰惻惻的看著他，「還要繼續嗎？」

他剎那間嚇出一身冷汗，他想停止了。也馬上被帶到小房間裡，要他想想怎麼處理這筆「債務」。

不知道該怎麼辦，他突然想起了一個朋友，他是律師。他跟賭場要了他的手機，然後撥打給這個律師。

凌晨十二點多，我正在寫文章，電話竟然在響，是一個平常不太熟的客戶，我皺著眉

頭，一直在想要不要接起電話。

好吧，我接，但是口氣不好。

「你是怎樣？真的當我是二十四小時全年無休嗎？」開口就是一頓質疑。

「律師，我遇到麻煩了。我現在正在一個角頭的賭場，輸了一億，現在我該怎麼辦？」他的語氣低沉，但是非常慌張。

「怎麼辦？」我反問他，本來想跟他說，「債多不愁」四個字，但是看來現在不是開玩笑的時候。「千萬不要簽署任何文件，包括本票、借據，然後跟他們說，要回家拿印鑑證明跟房屋所有權狀給他們，藉機逃跑。」

「這有可能嗎？」他哭喪著問。

「非常有可能，因為他們如果有權狀，他們不會要本票。然後不要回家，直接去派出所，尋求警方保護。」我說。

「可是我現在竟然欠了這麼多錢！就算躲過今天，明天又要怎麼辦？」他問。

「法律上來說，『賭債非債』，意思是說賭債在法律上不能請求。你只要不簽本票或借據，任何人在法律上都奈何不了你。」我說，「但是實際上的問題……算了，等你出來再說。」

兩個小時後，我又接到他的電話，掩不住的興奮，「我剛剛逃出來了，他們果然相信我要去拿權狀。但是他們說，如果明天我不處理，會來公司跟家裡找我。」

「好的，你完成了第一步。接下來，你先好好休息，跟太太解釋這一切。明天開始，請你出國暫避風頭，小孩轉學、公司找你的副手總攬業務。」

「要多久？」他問。

「不一定，要看對方的意志力。但是，明天開始你算是要暫時消失了。」我說。

七天過了，他都沒有消息。

又是半夜十一點多，但這一次是不認識的號碼，我猜是他。

「現在呢？」我簡短的問。

「我已經在國外了。據說昨天警方到我辦公室，詢問我員工，我究竟在哪裡？我的員工都說不知道。」他說。

「我想也是，考驗才剛開始。」我輕描淡寫的說。

「為什麼警方會來？」他問，「我又沒有犯法。」

「這是『社會事』，不是法律問題。」我用台語強調「社會事」三個字，「一億的賭債，你又有資產，你知道會引發多少治安問題嗎？角頭不會輕易放過你的。我又不可能叫高進幫你贏回來！」

「啊？高進？」

「沒事，總之現在才剛開始，你就跟老婆好好在國外度假吧。」我說。

「但是到場的警察說，他希望我出面解決，金額可以談。」他有點動搖。

「金額哪裡可以談？至少現在不行。」我說，「你花了這麼久時間，賺了點錢，有了點資產，就這麼拱手讓人？你還沒搞清楚嗎？這是局，從頭到尾都是一場局。」

「但是警察說，他願意當中間人幫我們協調。」他口氣放軟。

我冷笑，「是嗎？有些警察跟角頭原本就是共生結構。什麼時候開始警察也會幫角頭討債了？」

「他跟我的員工說，是為了大家好。」他還是不堅定。

「大家是都很好，只有你不好。」我笑了，「不僅可以解決社會問題，不會有槍擊案、大哥拿到錢、他還可以分紅。多好?!」

「那麼，我到底該怎麼辦？每個人都勸我，乾脆用一半的金額跟他和解算了，可是我很心疼，等於一個晚上就把我的過去化為烏有。」他的情緒還是很不穩定。

「沒怎麼辦。就等。我問你，如果你在國外躲藏一年，你會損失多少？如果一年以後，有任何變數，那麼躲在國外的投資報酬率，豈不是比你在國內賺錢還要好？」我反問他。

他似乎被我說服了。

「好好在國外休息，看看風景、新的音響器材，以後引進國內賺錢。至於賭債的事情，我不准你讓步！」我說。

三個月過了，這段期間，陸續有不同的「客戶」到他的公司裡「瞭解」老闆人在哪裡，其中包括調查員、警員、兄弟、喬裝客戶的兄弟，可以說絡繹不絕、門庭若市，好幾次有兄弟要砸場，但是我早就交代他要裝設保全系統，所以十分鐘之內，就有保全員到場處理。而他的家人與小孩，早就送回南部。他在台北，算是人間蒸發，銷聲匿跡。

那天下午，突然有個戴口罩、帽子的男子，堅持要見我，祕書只得把我從會議室拉出來。

他脫掉口罩與壓低的帽簷，果然是他。

「律師，目前對方透過朋友傳話，開價一千萬和解，你的看法呢？」他問我。

「不可能。」我還是簡短三個字。

「可是我想回來了，我很想家。」他哭著臉拜託。

「這種事情，就是拿時間來換取空間，我不認為一個晚上價值一千萬元。」我堅決的說。

「那麼，你可以幫我去談判嗎？」他問。

「談判？條件呢？」我直視著他。

「一千萬以下我都可以考慮。」他說，「我想過了，我願意為我愚蠢的行為付出代價。」

「你是愚蠢，但代價也不需要這麼高。」我說，「我先不直接跟老大見面，你先幫我約角頭的白手套，就是那位警員。」

會議室裡，煙霧瀰漫，因為警員與小弟都在抽菸。

「律師，我們應該不用浪費時間，他願意拿多少出來處理？」警員說。

「慢慢來。」我笑著說，「都躲這麼久了，不差這幾天吧？」

「我不過就是幫忙協調而已，如果這幾天的機會過去，我是怕他回不來。」他客氣的說。

「不會啦，基本上你們連他在哪裡都不知道，況且，他花了二十年努力才有這些成果，你們一夜就要拿走？」我鎮定的回應。

「律師，這已經是『社會事』了，處理這種事情的『眉角』你應該也知道，一折已經是很忍耐了。」小弟忍不住插嘴。

我也比了一根手指，當然不是中指。「我建議的價格是這樣。」

「多少？」小弟看起來想發脾氣了。

「一百萬。這是我們可以接受的底限。」我還是很輕聲細語。

「不可能，那麼叫他不要回來好了！一回來，一定讓他斷手斷腳，錢我們不要了。」小弟氣憤的說。

「不要這麼衝動，你這樣我的當事人肯定會很害怕。」我慢條斯理的說，「你講的這些都是氣話而已，他不回來，你哪裡有機會對他斷手斷腳。」

「我們可以再協調看看，金額部分可以考慮提高嗎？」警員沉住氣問我。

「我坦白說好了，大家都認識白道，也認識黑道。這件事情在我看來就是詐賭，如果要硬著來也不是不行，你們就各自找人到街上火拚，他寧願花錢把這件事情鬧大。我聽說這個角頭還在假釋吧？我告訴你，一百萬就是底限，沒有提高的任何可能性，不要的話，你們就自己處理。」我站起身來，作勢要離去。

警員很無奈，只好也跟著起身。

他們走過我身邊時，我搭住那個警員的肩膀，在他耳邊說了幾句話，「這裡的一切都是有錄影錄音的，這件事情如果不能好好解決，你先想想怎麼跟你的長官解釋。」

他臉色大變。

這件事情，最後總算以一百萬和解處理了，而一年多後，這個警員也因為涉及包庇色情行業涉嫌收賄，被檢察官起訴。

「在賭博這種事情裡，沒有高進，只有高義與陳金城。」我笑著對這個老闆說。

他這次總算聽懂我在說什麼了。

特別收錄

毅刀兩斷

——邱毅控告九把刀事件法庭紀實

「呂秋遠律師，你好，我是九把刀，我昨天接到邱毅告我公然侮辱跟加重毀謗，六月十八號就要去法院報到，這是我人生第一次被告，完全不想有遺憾啊，我非常想委託呂律師擔任我的辯護律師，不知道呂律師能不能幫我打這場官司，謝謝！喔喔喔喔喔喔喔！」

對話框中跳出這封訊息，我不假思索，回了這樣的訊息，「好。沒問題。」

心裡雖然在想，該不會是詐騙集團吧。但既然最後有這麼多個「喔」字，那麼應該就是九把刀無誤，因為這就是他的特色了。

雖然他很忙，我們還是在第二天就見面，我需要知道案情。他拿出邱毅的自訴狀，我很快速的看了一遍，大概就是邱毅在五月份的「捷運殺人事件」發生當天，寫了篇短文，把捷運殺人事件與學運結合，引用所謂的「破窗理論」，相加以後變成「學運殺人事件」。九把刀看到這樣的短文以後，引用這篇短文，並且在引用時表示，「這種時候講什麼垃圾話。冷血的政治垃圾。」

隔了三天，他又再度寫了一篇短文：「邱毅的垃圾言論，就是利用重大無差別殺人案件造成社會恐慌的此時，去標籤化特定族群與特定社會運動，將犯人的行凶動機連結到不同政治意見者的身上，等同將殺人犯對社會的傷害，轉嫁給這些被他標籤的特定族群，試圖愚弄社會大眾的判斷，醜化他政治上的敵人。

無差別殺人，其行凶的對象，是社會。報復的對象，是社會要減少這種類型的犯罪，是強化人與人之間的連結，持續讓這個社會溫暖，像邱毅這種垃圾言論，不只是趁火打劫醜化政敵，醜化的方式更毫不在乎地直接激化了社會對立——他評論是假，醜化是真，沒有比這種言論更王八蛋。罵完了，喔，害我又要去漱口了。」

自訴，是一種必要的制度。這種制度與告訴有些不同，告訴，是指告訴人向檢察署提起的訴訟，由檢察官調查後，決定是否起訴，送交法院審理。而自訴，則是由自訴人委託律師向法院提起訴訟，律師在這時候會取代檢察官的位置，直接請求法院審理，這是一種避免檢察官獨攬刑事起訴權利的設計。

不過，自訴的品質，往往就要看律師的審查能力。律師在這時候的角色就像是檢察官，因此事實、舉證、法條等等都必須像檢察官一樣的精實。如果律師本身不做基本篩選，恐怕就會演變成像部分檢察官一樣的「濫行起訴」，對於自訴人與被告來說，都不是好事。

這件案子，在我看來，就是如此，連「廢除連續犯」這項基本常識，都大剌剌的寫在自訴狀中，這可是在八年前就已經修法廢除了。

「人生第一次被告，感覺如何？」我問。

他笑得靦腆，一個非常客氣的人。坦白說，之前對他的印象，大概就是關心公益的作家與導演，從來就沒想過會認識他，畢竟法律與文學、藝術，本來就難搭上線。

他的笑容，即使隱藏了憂慮，但是仍然璀璨，或者說，陽光。

「我覺得這是個非常無聊的訴訟，只想要趕快結束。」他說。從表情來看，他非常沮喪。

「我還是很緊張的。」他補了這一句話。

「對於訴訟而言，沒有人不緊張。即便是律師，如果是打自己的訴訟也會失常，這是很正常的事情。」我安慰他，「重點是，我們要正面迎擊！」

「正面迎擊？」他看著我，等待我進一步的解釋。

「你認為自己有沒有做錯事？」我直視著他。

「當然沒有。」他立刻回應，毫不猶豫。

「如果沒有，那麼為什麼要擔心？說出來會被嘲笑的夢想，才有實踐的價值。即使跌倒了，姿勢也會很豪邁！」

「我們就正面指出他的問題，當個男子漢，跟他在法律上『真劍勝負』。」我果斷的說，「你不覺得，人生缺少了在法庭上的經驗，也是很可惜的一件事情嗎？我希望你可以仔細的體驗這一切，將來作為你創作小說的素材呢！」

我們當下就擬定了訴訟策略，由我們先回應基本的答辯，等待審理程序的開始。

接受名人的委託打訴訟，最麻煩的就是媒體，在開庭前後，我們必須接受媒體的採訪。開庭前，我們透過經紀人跟媒體溝通，希望開庭完以後再來訪問，畢竟這不只是一個司法擂臺而已，開庭前就接受訪問，難免會影響情緒。

「你會緊張嗎？」我故做輕鬆的問他。

「有一點。不過就像你之前講的，我們要正面迎擊。」他說。

法官簡單詢問了雙方的年籍資料，邱毅與九把刀都到現場，這種「毅刀兩斷」的戲碼，當然吸引很多媒體到場觀看。

我們第一次的答辯很簡單，就是否認所有的指控，主張這是「對於公共事務的適當評論」。邱毅聞言更火大，他認為這是對於他個人的污衊，怎麼會是「適當評論」？他要我們多讀點書。我想，是「破窗理論」吧！

我冷笑，「他對人都是適當評論，別人對他都是污衊？」

「對於自訴人所提出的證物，請被告表示意見。」法官問。

「請辯護人回答。」九把刀說。事先我已經請他盡量低調，在法律問題上由我全權處理。

所謂自訴人的證物，不外乎就是九把刀在維基百科上的資料、報章媒體的報導、還有九把刀對於邱毅那篇短文的兩則評論。

「我們認為自訴人提供的證物與本案無關，沒有證據能力。但是這兩篇針對邱毅文章評論的短文，確實是我們所寫。」我簡短的回答。

法官點點頭，進行下面的程序，「請問自訴人與被告，有無證據要聲請調查？」

「沒有。」邱毅的律師說。

「我們請求傳喚自訴人邱毅。」我說，「因為邱毅是本案的自訴人，待證事實就是，我們希望可以知道他對於可受公評事項的認知為何。」

這是個非常冒險的請求，因為法官不一定會同意，畢竟本件訴訟並非傳述「不實事項」，需要傳喚自訴人來證明不實的事項「是真實的」。

在妨害名譽的罪名中，可以分成好幾項。一般人常見的大概是「誹謗」、「加重誹謗」與「公然侮辱」三種。所謂誹謗，就是以言語的方式，散佈他人不實的事項，使他人的名譽受損；加重誹謗，則是以文字、圖畫等方式，做上述的行為。公然侮辱則是以不堪入耳的字眼辱罵他人。

問題來了，邱毅指控九把刀這樣的行為，究竟是公然侮辱還是加重誹謗？他同時指控了兩者。如果是公然侮辱，沒必要傳喚自訴人當證人；但是如果是加重誹謗，或許有必要釐清事實。這件案子，從專業的角度來看，怎麼樣都像是公然侮辱，而不是加重誹謗，畢竟邱毅在意的字眼是「王八蛋」與「垃圾」。所以，法官不會准許我們傳喚邱毅當證人？

「關於被告聲請傳喚邱毅擔任證人，請問自訴人有沒有意見？」法官不急不徐的問。

「我自問坦蕩，當證人絕對沒有問題。」邱毅自信的說，絲毫沒有注意到隔壁的律師臉色很不好看。

「好，那麼自訴代理人有沒有意見？」法官再確認一次。「我們認為沒有必要，邱毅先生並不是本案的關鍵，重點應該要釐清被告究竟有沒有做這樣的行為，為什麼要傳喚自訴人？」律師立刻回應。

邱毅這時候似乎有些不安，立刻改口，「法官，我也認為沒有必要傳喚我當證人，應該要傳喚九把刀才對。」

我聳聳肩，「邱先生自問坦蕩、問心無愧，當證人應該沒有什麼的。」法官點點頭，「那麼我們就決定傳喚邱毅先生擔任證人。」

對方律師立刻抗議，「我們也要傳喚九把刀當證人。」

「大律師，刑事訴訟法的規定，自訴代理人只能訊問被告，怎麼可以叫被告當證人？」

我大表不滿。

法官沒回應兩方，只是簡單的說，「那麼我們還是傳喚邱先生擔任證人，而柯先生則是以被告身分接受詢問。」

然後，我們意外的收到對方當庭提出的五百萬元附帶民事賠償請求。

「沒關係嗎？」九把刀問。「這很正常，因為提出刑事附帶民事賠償，不用繳訴訟費，何樂而不為？別擔心，又不是提告就要得到。」我冷笑。

準備程序庭結束，我們走出法庭外。我低聲跟九把刀說，「你去吧！媒體應該想知道發生什麼事情。」大批媒體已經群聚在台北地檢署門口，正等他出面說明，攝影機與相機不斷的拍攝，我只覺得刺眼。「你去吧！」我拍拍他的肩膀。

他走到鏡頭前，然後回頭對我招手，「律師，請你一定要過來站在我身邊。」我無奈的笑了一下，走近他身邊，眼前的鏡頭一片模糊，我只想趕快結束這一切。這是他的場，不是我的，我只是個律師而已。我聽到九把刀在媒體前，侃侃而談他的心路歷程，聽到他這句話，「我本來就愛讀書」，我知道他已經過這關了。

這次開庭，距離上次的庭期，竟然差了三個月之久。原因是原訂開庭的那天是颱風天，而第二次就等法院通知，但是兩方既然都是名人，時間就比較不好湊合在一起，最後到了九月才是第二次開庭。

這也是最後一次，法官希望在這天就可以調查證據完畢，並且在下個月宣判。

開庭前，因為九把刀忙著新片的宣傳，我們難得見一次面。只有在開庭前，我們總算排除萬難，在會議室裡確認最後的戰略。

「我們的目的，就是要突顯邱毅本身的雙重標準。」我說。

「但是邱毅就算口無遮攔，也不會代表我不違法，不是嗎？」他攤出了盛治仁告馮光遠的判決結果，「馮光遠因為辱罵盛治仁『人渣公務員』，有罪確定」。

「是的，所以重點不是在於他罵過誰，而是他為什麼認為『有人罵他垃圾、混蛋』屬於公然侮辱，但是他罵別人混蛋，卻是適當評論。」我推開這個判決，「至於馮光遠事件，這是因為法院認為，他的文章裡謾罵的成分太多，與你的狀況並不相同。」

「關於誹謗這種事情，法院的看法大概很類似美國最高法院法官史都華（Potter Stewart）對於某些作品究竟猥褻（Obscenity）或是藝術的分界點。他說，『當我看到作品，我就知道是猥褻或是藝術了（I know it when I see it）』。邱毅的行為，大家都知道，不需要你來評價。」我拿出了所謂的「祕密武器」，這是我們事務所同仁整理的資料，也就是他在微博與臉書上對於別人發表的評論。

「這些資料，有兩個作用。第一，我要逼迫他面對自己的行為；第二，我要讓他自己解釋清楚，所謂的『合理評論』界線何在。」

九把刀在前一天就公布開庭時間與地點，因此有許多媒體與所謂的「鄉民」到場觀戰，甚至要排隊才能憑號碼牌進場。

「紅色是討戰還是喜氣？」我笑著問。

「你說呢？」他沒有直接回答我。

「人很多呢。」我說。

「人生就是不停的戰鬥，總是要讓大家知道是非對錯。」他說。

我們把投影機架設好，一起進入法庭。

法官確認了兩造身分以後說，「請證人邱毅脫離自訴人身分，到證人席上作證。」這叫做分離程序，法庭上每個人都會有稱謂，不能混用，但是可以暫時跳脫原來身分到另一個身分，邱毅現在就是從自訴人的身分，跳到證人身分。

「邱先生，你現在是證人，證人作證必須具結，具結以後就要老實說，否則會有偽證罪的問題。」

「庭上，我是不是在作證之前，我先表達一點意見。我想不出任何理由，提告的自訴人還要來作證，但是我尊重庭上的裁定，所以我也準時出庭來作證。可是被告昨天在臉書上進行強力動員，甚至把傳票放在臉書上，造成今天現場也來了許多被告所動員的所謂『鄉民』來幫他作證。這樣的行為顯示被告的心虛跟他不敢面對司法的膽怯，我認為這是對庭上的侮辱，難道法庭又變成是一個社會動員，然後想要干擾政治，想要影響司法，甚至把他當成是一個為了新電影作秀的工具，就這一點我必須要提出我個人的看法。」邱毅氣憤的說。

「邱先生，這就是法律的規定，自訴人如果有當證人的必要性，被告有請求，就得要到法庭上作證。至於旁聽民眾，我們會依照法院旁聽規則來處理，請你放心。」他轉頭向我說，「這就請辯護人開始詢問證人。」

我打開投影機，放出第一張投影片，「請問證人，你有沒有在臉書跟微博上註冊任何帳號？」「當然有。」他昂首驕傲的回答。

我微微一笑，「請問臉書跟微博帳號上的所有文章，是不是你親自撰寫？」

他似乎察覺有陰謀，所以答案顯得保留：「大部分。」

我還是微笑，「沒關係，待會我們一則一則來看。請你看這張投影片，『談天論地話縱橫』，是不是你在微博上的帳號？」他的律師當場提出異議，「與本案無關。」我繼續追問，

「當然有關，我把問題問完，我們就會知道有沒有關係。」

法官示意要我繼續問。他遲疑了一下，但還是回答，「這個微博帳號與我無關。」我還是不動聲色，「與你無關。所以微博不是你寫的？」

「這不是我寫的。」他語氣轉為肯定。

「如果不是你寫的，那麼誰能使用你的名字寫呢？」他大概覺得這樣的辯解太詭異，所以不耐煩的說，「這篇短文寫的是柯文哲，與九把刀並沒有關係。」

我只好繼續問，「好，沒問題。我最後再確認一次，這段描述柯文哲的文字敘述，是不是你寫的？」

這時候對方律師又起身異議，「這與本案無關。」但邱毅搶著說，「我剛剛不是已經回答過了嗎？」

我很嚴肅的表明立場，「這個問題與本案有關，因為我們想要了解自訴人對於『可受公評的意見』或是『誹謗』的界線在哪裡，這也是邱毅之所以提起自訴的理由，不是嗎？」法官點點頭後說，「異議駁回。因為本案是邱毅先寫一篇文章，以致於九把刀，也就是柯景騰先生才發表一篇文章，更因此而涉訟的，本院認為這部分在容許詰問的範圍內。」

我深呼吸一下，繼續提問，「請你回答，這篇文章到底是否為你寫的？」

他用不屑的眼神看著我，「不清楚。你隨便這樣列，我不清楚，我寫的文章太多了。」

我幾乎想放棄詰問，因為他身為證人，竟然可以睜眼說瞎話。他可以說，這與本案無關，但是怎麼能否認這是他寫的，我最後的證據都還沒拿出來呢！

耐住性子，我繼續問他下一個問題，「好的，在短文中第二行『像柯文哲這種無厘頭、弱智、腦殘的人，反而成為媒體最歡迎的對象。』就你的判斷，『無厘頭、弱智、腦殘』是不是一個適當評論？」

他開始人身攻擊，「枉費你本身還有律師執照，擔任被告的辯護人，連所謂的誹謗跟公然侮辱是告訴乃論都不知道，你已經干涉到柯文哲先生的權利了。」

我覺得他在逃避問題，所以繼續追問，「證人，請你針對我的問題回答。請你聽清楚。我問你說，『無厘頭、弱智、腦殘』，請問在你心中，認為是什麼意思？這與要不要提告沒有關係。」

他很有自信的說，「既然我不清楚這一篇，我不需要對裡面做任何評論，這跟本案無關，我評論什麼呢？」

我很無奈，看來他打算一概否認，往下的每一則，他幾乎都以「不清楚是不是他寫的」一語帶過。既然他否認微博，我只好拿出終極武器，也就是臉書上的文章。「請問這個臉書，『邱毅談天論地話縱橫』，是否為你自己所寫的？」

他這次總算沒有說「不清楚」，很乾脆的回答，「這是我寫的。」

「請看這篇短文的第三行，『三個混蛋的合議庭法官』，請問『混蛋』在你心中是適當評論，還是指所謂的誹謗或公然侮辱？」他根本不看我一眼，「大律師又忘掉了，或者是根本不知道刑法的基本精神。我已經提醒過你了，今天如果要針對這篇短文有意見，那是吳乃仁或是三位合議庭的法官，跟大律師有什麼關係呢？」

我不理他的嘲諷，繼續追問他，「告不告是一回事，我現在是問你，在你心目中，『混蛋』兩個字是什麼意思？」

「價值是不需要回答的。」他總算提出不一樣的說法，我眼睛為之一亮。

「你剛剛的意思是，這個是一種價值判斷？」我再確認一次。對方律師立刻又起身異議，「大律師不應該詢問證人主觀意見。」

我立刻回應，「這不是主觀意見，這是他寫的，當然應該要說明他的價值判斷標準何在。」

法官再度點頭，「因為剛剛邱毅先生回答，這是他的價值觀，所以呂律師後面的追問，法院認為應該是可以問的問題，請邱先生回答問題。」直接諭知異議駁回。我像是吃了顆定心丸，我就在等這個答案。

「我認為那個合議庭判的有問題。」他說。我壓抑住心中的狂喜，繼續問他，「對，所以你認為這個『混蛋』是指適當評論，因為你認為判的有問題，是這樣嗎？」他不屑的說，

「我是一種理性的、個人主觀的看法。如同大律師你收了被告的錢，你也有你的價值判斷，一樣的道理啊。」

我還是緊咬問題不放，「我收不收錢是一回事，我剛剛問你的是『混蛋』這二個字，在你的心目中，是對於這三個合議庭審判長的適當評論？」

他怒了，「就例如說，今天我對你的言論非常不滿，我可以說你混蛋嗎？我說你混蛋你可以告我啊。」

「所以你只承認臉書是你寫的，至於在微博上的所有文字，你都不清楚？」我問。「微博上的文字我都不清楚。境外的網路，你也拿來這邊，在法庭上面作一個公開的討論？」他臉偏過去，不願意看我。

我嘆了一口氣，「最後我們來談九把刀好了，短文裡認為九把刀是小人，這則是不是你寫的？」

「我不是跟你講，微博的文章是境外網路，我都不清楚嗎？」他已經非常不耐煩。為了我最後的祕密武器，我忍痛問了最後一個問題，「所以微博不是你註冊的嗎？」但是他突然反問我，「你是哪一國人？」我啞然失笑，「我是哪一國人不重要，重要的是證人不能反詰問辯護人，這是刑事訴訟法的規定。」

他怒了，「我為什麼不能反詰問？法官的裁定都不公正了，我哪有什麼不能反詰問的問題？」

他一直迴避問題，法官終於忍不住了，「請證人回答呂律師的問題。」

「我已經回答了！」他很怒，臉色脹紅。

「那我沒有問題了。」我坐下，饒有興趣的看著他，因為我已經問到我要的答案了。

接著法官請邱毅的律師對邱毅進行反詰問，我沒有注意聽，大概就是問他，何時知道九把刀發表短文讓他不舒服而已，這些在訴狀上都有了。然而，最後一個問題吸引了我的耳朵。「最後一個問題請問邱先生，被告九把刀說『你講什麼垃圾話』、『冷血政治垃圾』、『王八蛋』、『邱毅的垃圾言論』的時候，你是否覺得受到侮辱或者是其他感受？」

邱毅在這時候極為感性，「我的感受當然很深刻，因為我自己有子女，我有小孩，你的父親被人家罵垃圾、被人家罵冷血，甚至連王八蛋這樣的字眼都罵出來，我的家人作何感想？我的母親就是上次謝長廷、陳致中事件之後，受到刺激過世。王八蛋不但是罵到我，還辱及到我的先人、還辱及到我的恩母。如果今天是我對九把刀開罵，九把刀這樣回應，或者是兩個人言語的交鋒，那也就算了。但是我談的是一個可受公評的公共議題，而且我在公共議題裡面，我是有憑有據提出來。九把刀雖然學歷比我差很多，但是至少要多念點書，多去了解什麼叫破窗理論，多去了解什麼叫漣漪理論。我本身在立法院司法委員會待了十二年，我非常了解刑法裡面對公然侮辱罪的規範。罵到王八蛋、罵到垃圾、罵到冷血這樣的字眼，在公然侮辱罪上，是不可能不成立的。」他講完以後，台下的觀眾竊竊私語，而我從他的證詞中，找到另一個新的論點。

接下來，球又回到我身上，我得進行覆主詰問。「你認為你自己是否為公眾人物？」我換個方式問。

「我當然是公眾人物。」他非常的驕傲。

「針對九把刀這次對你文章的評論，你認為你這篇文章，也就是有關於太陽花學運跟鄭捷殺人案的關聯性，是否為公共上的事務？」我追問。

「當然是。如果連這個都搞不清楚的話怎麼做律師。我做一個很簡單的比喻，我對於你的意見不一樣，我能不能罵你王八蛋？」

我當下其實很想罵王八蛋，因為他針對重點問題的回答又是輕輕掠過，但是沒關係，我已經得到我要的答案了，所以決定要搞笑一下，「可以，我不會告你的，你放心。」

他愣住，「那是你不會告我，但是有人會告我啊。」

「剛剛你有提到過，臉書上的文章都是你寫的嗎？」他又怒了，「大部分，我沒有提全部，請庭上制止呂律師把問過的問題重複再問過，我沒那麼多時間，他時間成本低，我時間成本高。還有請庭上制止法庭的旁聽者，也是被九把刀動員來幫他壯膽、掩飾心虛的這些鄉民所發出的雜音。」

我心中又暗罵了一聲，你時間一分鐘幾百萬上下是吧？這問題明明就是確認，況且他兩次的回答也不一樣，所以我決定繼續搞笑的問下去，「搞不好是你動員的，不用講那麼多。剛剛在臉書上，你看到有一則『這三個合議庭的混蛋法官』，你剛剛又陳述「王八蛋」、「垃圾」，都是對你個人很大的污辱。所以你認為在你寫這則臉書的時候，你心裡認為對這三個法官是一個適當的評論，還是認為這三個法官就真的是混蛋？」

這一題其實非常冒險，因為如果他的回答跟之前一樣，那麼幾乎就前功盡棄了。他不耐煩的說，「我已經回答過了，社會上對於很多做不公正裁決而且明顯偏袒的法官，都會冠以這樣的名詞，也有恐龍法官的啊。」「所以你認為是你是在對公共事務評論？」

「我在立法院司法委員會十二年，我面對所謂恐龍法官，或者對不公平明顯偏袒，或者政治立場，或者偏袒任何一方的法官，我一樣提出強烈的抨擊啊。」他又自豪了起來。

「所以你認為，如果是對公共事務，像這三位法官這麼惡劣，對於法官加以『混蛋、王八蛋』，都只是表達你心中的憤慨，沒有貶低他的意思，是這樣嗎？」圖窮匕現，我終於等到這個問題。

然而對方律師也察覺到我的企圖，立刻異議以打斷邱毅的回答，但理由竟然是，「證人沒有講過『王八蛋』，請不要夾雜進去問題裡。」

我只好無奈的說，「那『混蛋』就好。」

但是就在短短的時間內，他也已經察覺我想從他口中套出什麼，所以他回答的很保守，「我都已經回答過了，我不需要回答重複性的問題。」我在心中又嘆了一口氣，「好，最後一個問題。」

他不耐煩的說，「希望真的是最後一個，不要最後又夾帶很多個。」我笑著說，「不會，肯定最後一個。你認為太陽花學運這件事情，跟鄭捷在捷運上殺人，這二者之間有沒有關聯？」

這是他的專長，所以回答得很爽快，「我覺得我今天好像真的遇到一個頭腦有問題的人，我都說的很清楚，我提出破窗理論，破窗理論的連結是什麼，我都解釋得很清楚了，難道你聽不懂嗎？」

「你就簡單回答有或沒有嘛！」我一定要他給個答案。他突然說，「你如果願意到我班上來修課，我倒是可以免費讓你坐在角落旁聽。」看來他是絕對不合作了，我只好最後這麼說，「我不能坐中間嗎？」他沒好氣的回我，「不行！因為你會影響我班上學生素質。」

這場無厘頭的作證，總算結束。法官在簡單的提示證據後，讓九把刀以被告身分回答問題，由邱毅的律師詢問。「請問這篇批評邱毅的文章，你是用分享的方式，在上面加了評論說『這時候講這是什麼垃圾話。冷血的政治垃圾』是嗎？」律師問。

他一派輕鬆的說，「是的。不管是境外的微博，還是台灣境內的臉書，都是我自己寫的。」觀眾席上一陣笑聲，他竟然反將他一軍。

「在你發文以後，是不是媒體就有報導，你說他是『垃圾、政治垃圾、冷血垃圾』呢？」

「我是評論他的言行，是不是政治垃圾。這是可受公評的事項啊！」他很正經的回答。

「請問你有沒有對其他人針對太陽花事件，或是鄭捷的殺人事件，有不同的評論？」律師問。

「邱毅將鄭捷殺人事件連結為太陽花原因的評論，是我人生首次見到。在我的印象裡面，我並沒有針對邱毅這個人以前做過什麼特別評論，我沒有這個想法，對我來講，邱毅就是一個言行一直都受到社會不斷考驗跟批判的人，我覺得並不需要我來加入。所以我跟邱毅本人並沒有個人恩怨，就算很多網友經常在我的臉書上貼上他頭髮被拔下來的照片，我也都沒有恥笑過，也沒有轉發過這些照片。所以其實如果對邱毅先生有個人私怨或不滿的話，其實有太多事情可以做，但是我從來沒有這樣做過。」他開始長篇大論的論述他的理念。

「就像是我本人對太陽花學運的理念跟細節，即使大部分認同，但是在過程中，也有很多不一樣的想法。比如有些學生在某天晚上要占領行政院，我不予苟同，發表『豬一樣的隊友』這幾個字，當天晚上我也收到很多批踢踢鄉民跟很多臉書網友對我的一些批判，我接受了，我覺得這是我言行舉止應該受到的評價。很多人對學運有些批判，只要是理性的，即使有些帶著情緒性的，我都覺得這是必然的過程。一個社會運動帶給社會的影響，不見得完全都是正面的，但是只要利大於弊，我覺得要正面看這件事情。」

「在鄭捷殺人事件當天前，儘管邱毅對太陽花有諸多貶抑，但我也都只是看看而已。鄭捷殺人事件那天，舉國悲痛，每個人心生恐懼，都在懷疑我們的居住安全到底是否受到合理保障。為什麼一個人會忽然之間拿著一把刀開始在捷運殺人？大家都很想知道為什麼，整個社會都在傷痛裡面沒有辦法修補的時候，我自己本身也非常害怕。但是邱毅竟然在臉書上面，竭盡所能的藉著這起捷運殺人事件，漫不在乎抹黑他仇視的太陽花學運，試圖將幾個極端惡劣的犯罪行為，冷血冷酷毫無人性地屠殺行為，栽贓給與他政治立場相反的學生，這才是真正的言語暴力，這才是邪惡的無端指控。所以在那瞬間，我再也無法忍受邱毅惡劣抹黑的政治性言詞，更沒有辦法忍受藏在他抹黑言詞背後的政治動機。」

「我覺得邱毅是否是垃圾，是否為冷血政治垃圾，是由他的行為決定。如果今天評論鄭捷他是一個在捷運殺人的冷血殺人魔，鄭捷並不會因為我的評論而變成一個冷血殺人魔，而是他的所做所為，決定了他的社會評價。我的言論、評論並沒有厲害到可以把邱毅製造成一個他是冷血政治垃圾的影響力，而是他一個人的言行，決定了他的社會價值。」他談起那天的言論，慷慨激昂，我靜靜的聽。

對方律師不死心，繼續詢問他，「你剛才說，你認為邱毅是標籤化特定族群跟特定社會運動，你說他是醜化他政治上的敵人，請問認定的依據是什麼？」

「依據是大量的，邱毅在臉書上不斷批評太陽花學運，然後邱毅把一個捷運殺人事件的個人犯罪行為，在第一時間，沒有人知道鄭捷為何殺人的情況之下，當社會、警察、檢方都在調查他殺人動機的情況下，邱毅就已經強行不斷連結，我覺得非常惡劣，而且其實我覺得邱毅或許自己非常惡意。」他理直氣壯的說出他的心路歷程。

「最後一個問題，你說『他評論是假，醜化是真，沒有比這種言論更王八蛋』，請問你憑什麼認為他評論是假、醜化是真實，所以你評論是真，你就不是醜化嗎？」律師砲火猛烈。

「對！『評論是假，醜化是真』就是我的意見。我不懂你們在那邊躲躲閃閃、言詞閃爍是為了什麼？大方一點行不行？」他正面回應。我對於他當場的表現，可以用「激賞」兩個字形容。或許他下次可以寫篇故事，〈第一次當被告就上手〉。

最後法官讓九把刀針對所有的指控做答辯，他是這麼說的：「我想要說一件事情，就是邱毅是否心胸狹隘，他從九點半已經證明到現在。第一篇我用分享的方式，就是引述評述邱毅的一些言詞，就是對他的言詞做出適當評論，並不是指邱毅是垃圾，也不是指在座各位，而是指所有用犯罪行為連結特定社會行動做抹黑的行為，非常不可取，而且非常沒有價值。」

「邱毅不曉得是刻意誤會還是幻想，一直說我罵他王八蛋，但是我是說『沒有比這言論更王八蛋的』。這個『王八蛋』位置在語詞上應該是等同於『天殺的』這種感覺，我是在形容我的感受，就是真糟糕一樣的意思，就是讓我很不快樂、很生氣，快要爆炸了，但是並不是指邱毅是王八蛋，這部分請邱毅先生稍微理解一下，我覺得在表示我的憤慨或者是生氣。」

「最後我想要請邱毅先生稍微虛心思考一下，為什麼自己會得到如此社會評價。訴訟這件事情無法打擊到社會對你的評價，也沒有辦法扭轉到你的形象，而是端正自己的言行，從心靈改革做起。接下來我請呂律師接續發言，謝謝。」其實我覺得他已經說完我想說的話了，但是我還是把法律論述的部分補充完畢。

「其實在進行這個訴訟的時候，我一點不覺得這是一個所謂的浪費司法資源的訴訟。原因就在於其實這件案子，剛好突顯我們現在這個台灣社會最嚴重的問題就是兩套標準。在邱毅先生今天的作證當中，或許有人會很好奇，我舉了柯文哲或是陳為廷等人，這些人到底跟本案有什麼關係？邱毅的反駁是，『這是告訴乃論，他們不告，我就不犯法』。事實上這種說法是有問題的。就像通姦一樣，你有婚外情，配偶不告，不代表你就沒有通姦這樣的事實。

我們今天要問這些問題的點在於說，邱先生他在寫這些文字，他心中在想什麼？很遺憾，在一開始的時候，他可能有點慌，所以他一開始說『大部分是我寫的』，但是後來又否認說『大部分不是我寫的』，也拒絕回答很多問題。可是很有意思的是，他在微博曾經發表一則短文，時間是在二〇一一年一月二十二日下午一點四十九分，這篇的內容是『這幾天有朋友在問我，微博是不是自己發的啊，答案是當然是我本人親力親為，很用功吧。』我個人比較好奇的是說，邱毅剛剛在作證時承認他自己是公眾人物，一個公眾人物在證人席次上應該要更誠實，我問他『微博是不是自己寫的』，他告訴我『不清楚』，而他自己本身寫的那則文章裡面竟然說『當然是我親力親為』，到底是不是親力親為，大家應該可以心領神會。我要強調的是，在他今天的證詞裡，他不斷的以『不清楚』、『與本案無關』帶過他辱罵別人的詞語。但是我只想問他一個問題，在這件事情上面，他認為柯景騰先生指稱這個行為就像王八蛋一樣，或者他的言論就像垃圾一樣沒有價值，很傷害他。但是，其他成千上萬被他罵的人心裡作何感想？

剛剛邱先生在台上證人席的時候，講了非常多讓我們非常感動的話。例如說『誰沒有孩子，誰沒有小孩，誰沒有父母，被人家這樣罵，心裡作何感想？』我們想請問自訴人，當他在臉書上、微博上罵別人，我們簡單重複幾個名詞，他罵檢察總長狗腿，罵法官混蛋，罵謝長廷、陳致中畜牲，罵徐佳青小人，罵林坤海孬種，罵梁文傑囂張嘴臉，罵陳菊忝不知恥，罵鄉民跟湘瑩，這兩個人與他無關嘛，罵他們冷血令人髮指，罵楊仁壽最黑，罵蘇貞昌厚顏無恥、認賊作父，罵洪奇昌案的審判長混蛋，罵陳菊跟法官說兩個人勾結、昭然若揭，罵蔡丁貴暴徒，罵林飛帆暴力弱智、靠爸、啃老族、利慾薰心，罵洪崇晏標準孬種，罵林飛帆、陳為廷土皇帝、娘砲，罵批踢踢網友這些人連畜牲不如，罵謝長廷、蘇貞昌不入流、惡人，罵蘇貞昌大白痴、大混蛋、缺德無恥，罵蔡英文暴力野蠻缺乏理性，罵柯文哲無厘頭、弱智、腦殘，罵林榮三可恥，罵九把刀小人得志。對這些被他罵的人，他們的父母、子女作何感想？邱毅有想到這個問題嗎？

本案是邱先生他自己先提了一篇文章，把他平素反對的太陽花學運跟鄭捷殺人案連結在一起。在當天，我們注意是當天，自訴人在當天寫了這樣讓民眾覺得非常錯愕、恐慌的文章。柯先生是一個公眾人物，平常在關心公眾事務上就寫了非常多文章。那天他看到這篇文章，他覺得非常難過、憤怒、恐慌，因此他在他的臉書上，附上連結之後寫說這樣的言論，他認為是沒有價值的，所以他稱之這樣叫『垃圾』。他認為文章上『王八蛋』這樣的言論，是一種他剛剛所講的『天殺的』意思，這個名詞的意思大概就是『怎麼可以這樣做呢』，怎麼會貶低邱毅的人格？柯先生有沒有意圖要貶低邱毅的人格？誠如剛剛被告答辯的時候所講，一個人的行為，不是由他人的評價來做決定，而是由他自己的所作所為來決定。今天他做了什麼，別人就會給他什麼樣的評價。如果今天邱先生覺得自己是個英雄，是個十三億人非常喜歡的英雄，那很好，我們尊重。但如果柯先生發表『對於他這篇文章不能接受』的看法，我們也希望他能尊重。就誠如我們每個人在臉書上，我常被罵，被告也常被罵，我們被罵都是很難聽的言詞。可是我覺得我們既然淌了公共事務的混水，我們就應該虛心接受別人言詞。無論這樣的言詞如何不堪，我覺得我們就虛心接受。

這個訴訟，對於柯先生的意義在於，法院到底接受不接受『只許州官放火，不許百姓點燈』這樣的行為。也就是邱先生可以針對所有人謾罵，但是任何人只要觸及邱先生的底限，邱先生一定提告。即便是告訴乃論，這樣的行為到底能不能被容忍跟接受，也就是我們現在處在這個法院的目的。當邱先生在庭上指稱辯護人你到底有沒有腦袋，我到底該不該生氣？我覺得我不該生氣，因為我覺得這是他對我剛剛在質詢他的評價，他認為我講的可能有些問題，他不高興，不過我覺得這沒關係，我們做人應該要有一些基本接受批評的雅量。如果按照邱先生的標準延續出去，法院光是每天處理自訴跟這樣類型的告訴案，可能處理不完。因為每天都有這些案件，每天都有這些問題。當然我們要來問的是說，今天到底柯景騰先生本身在這件事情，到底具不具備公然侮辱跟加重誹謗犯意。我們非常確定的一件事情是，如果要構成貶低他人人格犯意，必須要是柯先生在一開始的時候無的放矢，直接說某某人就是王八蛋，沒有前後文，沒有任何連結。而誠如剛剛證人在庭上所說，他說他自己是公眾人物，不管是在大法官會議解釋，或是在美國最高法院在一九六八年的蘇利文案都指出，公眾人物必須要有接受更多批評的空間。

另外美國最高法院也有一件『皮條客案』，皮條客案簡單就是講說，美國有個雜誌會模仿、嘲弄政治人物，讓很多政治人物不舒服。後來有牧師對這個節目提告，後來最高法院判決一樣認為，這樣的嘲弄無理是可以接受的，為什麼？因為政治人物，一個公眾人物應該有接受批評的雅量。即使這樣的嘲弄極端無理，我想這是學過基本的言論自由的人，大概可以理解的判決。今天為什麼要傳證人來？目的絕對不是為了羞辱他，我們想知道他的標準。他剛剛在他的言詞裡面很清楚表達說，他認為他今天所寫的文章，是針對公共事務的評論。他自己又是公眾人物，一個公眾人物寫的公共事務評論，為什麼不能接受另外一個人的評論呢，我沒有辦法理解。即使這樣的評論，可能對邱先生來講莽撞無理，甚至有嘲弄的意味。我覺得邱先生基於他所寫的內容，基於他當下所做的反應，都應該接受任何人的挑戰。

我們認為其實自訴人今天提這個案子的時候，我們再次體會到了，自訴人本身這樣的雙重標準的判斷。我們希望這個國家要進步、我們希望這社會要進步，所以我們認為所有人都應該以一套嚴謹的標準看自己跟看大家。邱先生今天這樣的一種雙重標準，讓被告無法接受。況且即便用雙重標準來看，被告也不應該論罪，更不應該成罪。所以我們希望，自訴人在結束這個案子之後，能夠回去想一想，他要的國家進步樣貌是什麼樣子，他到底希望所有人花時間來旁聽這樣一個判決，然後用所謂的『垃圾、王八蛋』大作文章，還是今天能夠基於一個公眾政治人物的表率，好好的為國家做點事，好好為社會做點事，不要花費時間在所謂的提告別人或者成就自己的情況，甚至我剛剛講的，『只許邱毅放火，不許九把刀點燈』這樣的情況，是不是應該要遏止，這是我們應該嚴肅思考的議題。我希望在座旁聽的每一位，或是自訴人記得，我們若要國家進步，我們好好想一想，我們想要的國家樣貌是什麼，是一套標準，還是今天我們只容許自己放寬，而去嚴格限制別人。」

最後，法官讓九把刀發表最後的陳述，他這一段話，讓我真心的覺得，我並沒有幫錯人。「本來沒有要說，但是覺得這樣子，能夠多說一點點感想好像也不錯。其實一開始面對這個官司，就是在委託律師的時候，想說來個速戰速決。我沒有上過法庭，就算是像我這樣子體驗過人生的很多事情的人，在面臨被告的時候，還是感覺到很強大的心理壓力。所以我完全可以體會被邱毅一起提告的那些小孩他們的心境，還有他們所承受的一些壓力。」

「呂律師是非常認真幫我上了一些公民課，告訴我上法庭也是人生的重要體驗，官司可以體驗，捍衛社會價值。特別是當這件官司可以突顯出一些荒謬，跟捍衛我們所相信的社會價值的時候，我突然之間覺得這個官司相當有意義，於是我決定用一個更正面的態度來面對這個官司。」

「我一直在反省我一路走來的一些社會觀感，有好有壞，我承受這一路的不管是讚美還是批判，我都覺得是成就我今天的一部分。很多事件不僅讓個人成長，也讓社會成長。社會透過一些特殊事件，也會開始自我反省。比如說學運好了，學運本身一定會造成很多抗爭行為，那些抗爭行為當然會帶來一些社會恐慌。所以學運成員如何讓社會在放心之餘，努力追求他們所相信的國家價值跟影響，本來就是他們很大的一個難處。常常有人批評學運說你們付出社會成本，就是很多像上班塞車、下班塞車，你們難道都不用負責嗎？但是這些孩子在追求國家價值，運動所引發的社會副作用，都是這場社會運動所應該承受的批判。」

「但是，當邱毅對學運與一個重大犯罪事件在第一時間做出連結的時候，我生氣了。如果鄭捷本人有說他是受到學運影響，那也就算了。可是在完全原因都還沒有釋放出來的時候，邱毅就率先做了這樣子的表態，我覺得這個行為非常惡劣，才會寫了這些文字。後來其實我還滿慶幸我自己是用分享的方式，分享邱毅的言詞，要不然我不知道會面臨到一些什麼麻煩。我決定很正面的來這邊闡述我對學運社會價值的觀感，以及我對邱毅言詞所造成社會不安與憤怒的表達。我覺得這場官司對我來講，不管是對我的人生，或者對社會一些價值也很珍貴，我會虛心接受法庭所有判決。」

辯論結束了。我們走出法庭之外，大批的記者已經在等待採訪。我們兩人靜靜的站在邱毅身後，看著他接受訪問。「人生，就是不停的戰鬥，不是嗎？」我笑著說。他點點頭，準備繼續向前接受挑戰。

●國家圖書館出版品預行編目資料

噬罪人 II一初版 .-- 臺北市：三采文化，2014.12.
面； 公分 . -- (focus：61)
ISBN 978-986-342-270-9（平裝）

1. 律師 2. 通俗作品

586.7 103022331

suncolor 三采文化集團

FOCUS 61

噬罪人II：試煉

作者 | 呂秋遠
副總編輯 | 郭玫禎
文字編輯 | 黃若珊
校對 | 渣渣
行銷經理 | 張育珊
行銷主任 | 王思婕
內頁排版 | 中原造像股份有限公司
封面設計 | 林奕文

發行人 | 張輝明
總編輯 | 曾雅青
發行所 | 三采文化股份有限公司
地址 | 台北市內湖區瑞光路 513 巷 33 號 8 樓
傳訊 | TEL:8797-1234 FAX:8797-1688
網址 | www.suncolor.com.tw
郵政劃撥 | 帳號：14319060
戶名：三采文化股份有限公司
初版發行 | 2014 年 12 月 5 日
7刷 | 2020 年 3 月 20 日
定價 | NT$380

suncolor

suncolor